U0054476

思想觀念的帶動者
文化現象的觀察者
本土經驗的整理者
生命故事的關懷者

{ PsychoAlchemy }

啟程，踏上屬於自己的英雄之旅
外在風景的迷離，內在視野的印記
回眸之間，哲學與心理學迎面碰撞
一次自我與心靈的深層交鋒

The Orphan:
A Journey To Wholeness

孤兒
從榮格觀點探討孤獨與完整

奧德麗・普內特（Audrey Punnett）——著

朱惠英——審閱
朱惠英、陳俊元、利美萱——譯

尋覓心靈原鄉的孤兒之旅

朱惠英（心理學博士）

察覺到自己對於這本書的抗拒反應。

先是翻譯時的慢吞吞，又琢磨許久後完成校閱，接著對於要寫導讀也是磨蹭磨蹭地。檢視自己的內在反應後，「就從自己的抗拒來介紹這本書吧！」，心裡這樣想著。

孤兒這主題，它沒有激起我內心澎湃的熱情來接近它並完成這一切，而是一種小心翼翼的靠近、中間不時的暫停一下、讓自己去轉換思緒後再回來看著它的這種互動。那種心情有點像是在看動物頻道時，當看到電視畫面中出現一隻落單的小動物，可能是隻小海豹、小獅子或是頭小熊，在不慎遠離母親和其他手足的範圍後，要獨自面臨凶險的環境考驗甚至是其他猛獸的虎視眈眈，隨著凶險越來越靠近，我就會忍不住轉台的反應。

因為無法直視那弱小的生命即將成為其他動物的嘴下亡魂，焦躁、不忍、難受的情緒翻騰著，坐立難安，就拿起遙控器切換頻道去看其他節目，然後隔一段時間後再切換回原頻道，看看那個可憐的小生物後來是否安然無恙？那份對於受苦

中的幼小、脆弱生命的不忍卒睹，大概就是這股不由自主地想要逃離（不論是影像或是文字）然後又復返的行為的來源吧？！

那股想知道「後來怎麼了」的心得到了安頓，就是在知道那孤苦零丁的小生命獲救、重返家園、或是勇敢與安然地長大時，此時心中不禁為那生命的堅韌喝彩與受到鼓舞。要能活下來才會是英雄。或者這樣說，每個能活下來的，都是英雄。世人偏愛英雄的故事，是希望藉此得到力量與生存的勇氣吧？！在那之前，孤苦零丁的孤兒身影，是如此讓人焦慮難安。

在最基本的滋養都缺乏的情形下，孤兒要能成長茁壯，真是要靠上天的恩賜了。上天以各種形式養育孤伶伶的孩童。替代的父母可能以人的形式出現，像是聖經故事裡的猶太人摩西被埃及公主撫養；也可能是以動物的形式發生，像是迪士尼電影裡的泰山，在父母雙亡後被母猩猩扶養長大。在這天地之間，我是誰？我從哪裡來？我要往哪裡去？生存就是一場戰鬥，存在的議題就是孤兒們的掙扎。我切換著左右腦閱讀著這本書，在時代的脈絡、古典神話故事以及心理學的典故中探究孤兒。

許多小時候看過的卡通影片和故事書也隨著閱讀這本書而逐一湧上記憶，像是《綠野仙蹤》、《苦兒流浪記》、《小英的故事》、《莎拉公主》、《小甜甜》等，再想到十多年前

風靡東西方世界的《哈利波特》和《火影忍者》，故事的劇情所述說的都是孤兒的故事！這著實有趣了，何以這些無父、無母，隻身一人地和艱苦環境搏鬥、克服萬難、努力成長的孩子們的故事，竟會是歷久不衰的主題，吸引著人們的關注並產生共鳴？

揭露內在的孤兒也就是揭露自己的脆弱。作者奧德麗·普內特在第一章「導論」中敘述她自己和「孤兒」這主題產生交集的背景淵源。身處異鄉的求學經驗讓作者和內在的孤單交手，幾次的共時性經驗，引領著作者一步一步地探向孤兒的世界。踏上屬於自己的旅程是一場英雄之旅，活出自己真正的樣子，是榮格所說的個體化的意涵。我們既活在集體社群中，但又要活出自己真正的樣子，這中間的拉扯－「是歸屬還是分離？是進入還是離開？」，每一個分分秒秒覺知到自己獨立於他人存在的每時片刻都是孤單。榮格在他的住家前的湖邊刻了一座名為「孤兒」的巨大的石雕，以此作為其七十五歲的生日禮物，似乎在說著意識到自己是獨自一人面對生命挑戰的孤兒感是心靈沃土，在忍受一路的匱乏、貧脊與孤單後，將會帶來富饒的收穫。

但我們對於孤兒的情懷，不是都一直這樣浪漫與正向看待的。作者就將人類世界對待兒童的無情與冷酷做了一番挖掘。在第二章「孤兒的歷史背景」中，人類社會過往對於孩童的殘

忍無情在此被赤裸地呈現。除此之外，作者從舊約聖經故事、希臘神話故事以及哈利波特的劇情中，探究身為孤兒的孤單感以及仿似是個孤兒般的那種孤單。作者適時地以案例作為說明，更具體清晰的勾勒出「感覺像個孤兒」的普遍感受。

在第三章「心理上的孤兒」中，作者介紹榮格的分析心理學理論中看待人類心靈的主要觀點，深入淺出地介紹像是個體化、阿尼瑪／阿尼瑪斯、陰影等概念，也以案例加以說明。奧德麗·普內特在第四章「孤兒的象徵」一章中，說明與孤兒意象有關的幾種象徵及其意涵。在兒童主題中的「聖童」常是和孤兒相伴隨而來的意象。帶著特殊天命而生的孩童注定是要孤獨的。聖經中有耶穌講道時提到最微小的芥菜種子能長成樹一般大的故事，比喻小小種子具有大大的潛能，孩童的象徵意義也就在於其具有無限可能的潛力，包括施行救贖。

踏上個體化的旅程、實現真正的自己，像是進入與世隔絕的路徑，還要一路不斷打怪。當最後到達旅途終點，看見自己如同英雄一般，雖是遍體麟傷但是心靈眼界已今非昔比。「隔離」與「倖存」段落中列舉相當多的典故做說明，在這裡，作者以神降臨苦難做為試煉的角度，再度說明「能活下來的皆英雄」。作者接著以第五章的「小孤女」故事做分析。死亡是重生的起點，父母雙亡的悲慘情節是另一股新能力生發的來源，生死循環、福禍相倚。第六章「作為原型與情結的孤兒」討論

「孤兒感」在原型層面的展現，或是以帶有負向氛圍的情結現身。但不論是哪一種，皆是促使當事人朝向更全面的自我認識之路前進。作者以《薄伽梵歌》裡的故事說明接受活出自身生命挑戰的必要。

第七章「重新連結：孑然一身但又與世界合一」頗有禪宗名畫「十牛圖」的意境。奧德麗·普內特在此引進了煉金術的概念，分別以知名畫作說明煉金術所經歷的黑化、白化與紅化的階段，然而到最後，當事人在取得更高層次的意識後，對於孤兒的身份將不再視為恥辱，反而能更樂於擁抱。

這篇導讀就像是給即將閱讀它的讀者們的「服用前說明」。請在閱讀時注意自己內在湧現的煩躁、忍不住想要放下書離開去透透氣的那股內在壓迫感；但我相信你也會忍不住再拿起書來，想知道「後來那個孩子怎麼了」。書中所提到的孤兒們的典故或事蹟，也正是述說著我們自己的內在經驗－曾經那麼的無助、孤單、渺小與絕望，但我們也如同眾多故事中的孤兒一般，人生充滿上天所賜的恩典，讓我們能堅強卓絕地站立在人世間。

英雄本孤獨：個體化中的孤兒原型

洪素珍（國際分析心理學會分析師）

　　有鑒於榮格之強調原型主導心靈、甚至影響個體生命發展的重要性，分析心理學也因而有被直接稱為原型心理學者；直至如今，隨科學各領域所發展的理論，支持原型心理學的實證性證據越來越多，原型研究的論述也愈趨精彩，如美國榮格分析師奧德麗・普內特（Audrey Punnett）博士的《孤兒：從榮格觀點探討孤獨與完整》（*The Orphan: A Journey To Wholeness*）這本精簡之作，就是其一。從鋪陳孤兒現象、故事，進入心理學分析，討論在人類歷史和社會反覆常見，已成原型之孤兒象徵的現象與內涵，讀者可藉以充分理解原型本身具既片面且完整的整體性意義。孤兒雖因孤獨而有淚，但在個體化的英雄路上，卻也需要它頂天立地的原型面貌相助。

　　原型之說並非榮格所創，啟發他建構此理論的想法甚為多元，略舉數端。在哲學史中，其源頭至少可回溯至柏拉圖的理型之說，甚至更久遠，而近者，則有康德的心靈先天範疇理論、叔本華稱「萬物的原始形式」為「典型」（prototypes）的講法；在文學上，「原型」一詞出現甚早，榮格的用字便借

自公元二世紀希臘化時代埃及文學作品的《秘文集》（*Corpus hermeticum*）；再就宗教思想而言，出生於公元二世紀初小亞細亞的神學家愛任紐（Irenaeus）也用「原型」一詞說：「造物者不是從自身直接造出萬物，而是複製了自身之外的各種原型，創造了它們。」而雖然被基督教會封聖的聖奧古斯丁（St. Augustine）不用「原型」這個字，但認為「理型原則」（ideae principals）「自有自在，非經形塑……認識神就可以認識它們」，實與原型無異。

「原型」的概念雖非起於榮格，但當今通行的意涵，受他影響極大。不管在人類學、生物學，或者心理語言學……中，例證俯拾皆是。如人類學家呂西安‧列維-布留爾（Lucien Levy-Bruhl, 1857-1939）「集體表徵」（representations collectives）的主張；生物學家恩斯特‧邁爾（Ernst Mayr, 1974）的「開放的程式」（open programmes）之說；語言學家認為，小孩語言的學習是因為位於中樞神經系統裡的內在「學習語言機制」（language acquisition device）被啟動，將系統中原有令所有語言可以運作的「深層結構」（deep structures）體現出來的結果。

在作為一個科學家的立場上，榮格將原型與腦的結構聯繫在一起，腦天生高度分化，使人能夠運作複雜的心智功能。而預先分化了的腦結構形成主觀天生態度，人類得以產生經驗，

無疑是主觀態度介入的結果。且人類的經驗尚可共通，說明了具有共同的先天心靈結構。此結構組成單位就是原型。這種說法明白地將原型與本能牽連在一起，因此人生勢必無法脫離原型的影響。它控制了人類的生命週期，攸關個體化之道，成也原型，敗也原型。一旦自我（ego）喪失，遭原型擄獲，為無意識大海吞沒，便是失敗；反之，自我得以善用原型的指引與能量，清楚明白地將之整合，方為個體化發展的正道。

就孤兒原型在個體化的路上的意義而言，「如何面對最重要的孤獨意象」將是個體所面臨最大的課題。自我一旦被孤兒原型控制攫取，陷入孤獨的深淵，關係無從開展，和「他者」（the Other）失去連結，自然看似不會出現對立整合的衝突性問題，個體化無以啟動，因此長期困在原地，形同槁木，心如死灰，無異於靈性死亡。

然而，自我若能清楚覺知到孤兒原型的意象出現，明白就算心理感受到被遺棄、多所失落，以及痛苦分離，但其實並未失去與他人建立關係，以及創造的能力，還是可以接納現有面貌，重新與世界建立關係，和靈性他者再取得聯繫，踏上個體化的征途。

甚至，所有的個體化要取得進展，都需要孤兒原型的參與。因為，個體化主要任務就在於與無意識中的情結與原型爭戰，促使從無意識中分離出神聖性來。這種特有的孤獨的韌

性，非藉助於孤兒原型不可。一旦孤兒原型的失落孩童意象，轉化成聖秘的聖童，就如同進入鍊金術中的白期，釋放出聖潔的能量，孤獨反而成為整合的巨大助力。

《孤兒：從榮格觀點探討孤獨與完整》論證了孤獨其實是邁向完滿的必要條件，英雄征途，唯有自己，這也是榮格心理學強調生命的課題在於不斷地超越對立面進行整合的要義。個體化的英雄之旅，終究戰勝的不是外來的怪獸，而是自我的心魔。本書既具理論性，又兼顧實務與文學例證的豐富，琅琅易讀，值得推薦。

致謝

　　我的孤兒之旅起始於瑞士。有時人似乎得遠渡重洋或是遠赴異地以求得智慧，而我，則是因著多起因緣際會的機遇，一道道的大門開啟，讓我踏上了那場探索之旅。

　　在旅途中，一旦我們抱持著開放的態度，機會便俯拾即是。在瑞士時因為經濟上的需要，我打了許多零工，其中包括當狗保姆，因此結識了蘇珊和克里斯·強可（Susan and Chris Joenck）。我便是在他們家裡翻閱雜誌時，發現了幾所位於英格蘭的影像圖書館，這為我開啟了關於孤兒的視覺影像世界，後來更成為我所撰寫的主題。本書許多圖像便來自於倫敦的布里奇曼藝術圖書館（The Bridgeman Art Library）以及霍頓蓋提影像檔案館（Hulton Getty Picture Archives），經由他們的館藏我才得以看見這些圖像。

　　盤桓瑞士期間，在庫斯納赫特（Küsnacht）的榮格學院（C. G. Jung Institute）圖書館工作的美國人愛麗·史提爾曼（Ellie Stillman）引介我結識學院內來自八方四海的成員，後來他們均成為我的友人、同儕以及支柱，這是件極為重要的

共時性事件。此外，榮格學院的工作人員，像是愛蓮娜‧愛克爾斯（Elena Eckels）、洛蒂‧艾格利（Lotti Egli）、愛琳‧富特（Irene Fueter）、約翰‧格藍羅斯（John Granrose）、海爾佳‧柯佩基（Helga Kopecky）以及法蘭西斯‧史塔德樂（Frances Stadler），均在各方面給予我無以衡量的協助。你們全體讓我感受到了家的氣息。

我特別想要向我的個案（受分析者）表達謝意，因為他們允許我在書中引用治療中的互動片段與夢境素材。其中的個人資訊已經過修改，以免他們的身份曝光。透過你們分享的個人故事，讓孤兒有了具體的面容。

我誠摯地感謝曾邀請我針對孤兒這個主題進行講演的榮格社群：紐西蘭赫基昂加榮格小組（Hokianga Jung Group of New Zealand）、舊金山分析心理學俱樂部（Analytical Psychology Club of San Francisco）、加拿大英屬哥倫比亞省維多利亞市的榮格學會（C. G. Jung Society）、加拿大諾瓦斯科西亞省哈利法克斯市（Halifax, Nova Scotia）的榮格學會、加拿大紐芬蘭省奧立岡市（O'Regan's, Newfoundland）的榮格取向夢境小組（Jungian Dream Group）、台灣沙遊治療學會以及台灣心理治療與心理衛生聯合年會。從這些團體所提出的問題以及彼此的互動中，突顯出了在原型層次相連的交會和力量。

最為感謝的，是那些閱讀本書草稿的人，謝謝你們的評論

和提問：安德里亞・施韋澤爾（Andreas Schweizer）幫助我聚焦在原型的意義上，他也深知這趟孤兒之旅的意義何在；蘇・庫芭（Sue Kuba）無時無刻不給予我鼓勵和支持；約瑟芬・愛維特—賽克爾（Josephine Evetts-Secker）在孤兒主題上的演講啟發了我，她也是第一個鼓勵我多多撰寫這個主題的人。凱薩琳・雅斯伯（Kathrin Asper）多年來指引著這主題的研究，約翰・席爾（John Hill）則分享了如何安住己身的真知灼見。而我的分析師馬力歐・傑可比（Mario Jacoby），雖然未能在生前看見本書出版，但是他閱讀過草稿、陪伴我走過孤兒的旅程，並且改變了我的生命。

　　我同時也要感謝蘇珊・博斯特倫—翁（Susan Bostrom-Wong），她慷慨地貢獻出其畫作《獨唱》（Solo）作為本書（英文版）的封面——她的作品確實深深觸動人心。最後，我要感謝創立費雪・金恩出版社（Fisher King Press）的梅爾・馬修斯（Mel Mathews），他具體展現了何謂「臣服於心靈計畫」的意涵，也因著我們二人生命旅程的巧遇，才得以促成此書的出版。

奧德麗・普內特
加州佛雷斯諾市

前言

　　本書探討的是生存於人世間的孤單與孤寂感，正是這兩大鮮明特性讓孤兒的人生蒙塵。無論是否在父母親的照料下長大，我們都很有可能從內在萌生以及在與他人遭逢的日常生活中，感受到這樣的經驗。雖然現今的科技能讓我們和許多人建立起人際網絡，但是在這個「靈性匱乏、情緒疏離且人際孤立」的世界中，這些關係常常無法滿足我們心中那份想要和某人、某地或某事建立歸屬感的需求。普內特博士藉由許多個案，描述了這種孤單和孤獨感是如何反覆在我們日後的人際關係中出現，特別是如果生命早期的依附模式是屬於不安全、具破壞性或形成侵擾，而且最終可能會導致病態的焦慮和憂鬱。

　　藉由回顧過往歷史，普內特博士描繪出失親兒童所承受的一些駭人聽聞境遇。我們只消想想狄更斯在小說中所描述的十九世紀英國情景，或是亞洲國家的「等死室」（Dying rooms）[1]，即可明白。儘管聖經訓示我們要關心無家可歸的人，社會上對於孤兒的同情也與日俱增，像是孤兒院的設立，進而再逐漸以寄養家庭來取代這些機構，但是外在環境的改善

　　　　　　　　　　　　　孤兒：從榮格觀點探討孤獨與完整

無法從這種破壞性十足的經驗中汲取意義，因而不能給予這方面的療癒。

本書的主要目的之一並非僅局限於討論字義上定義的孤兒，而是還要去探索它的象徵意涵，因為作者認為象徵能為「在世上感到孤單無依」的多元經驗提供深義。無論孩子是否由父母親所撫養長大，孤兒情結仍舊能匯聚成形，如果依附模式本來就有問題的話就更是如此。普內特博士在書中詳細闡述了孤兒情結的原型基礎，以免單純傳記式取向的方式限制了我們對「心理上的孤兒」的理解。她說到諸多英雄人物在童年時期都遭受過被遺棄之苦，不論是其出生的方式或是早年發展，通常都是在充滿神蹟的環境下形成，承載著聖童（Divine Child）的屬性，象徵個人、社會以及文化的希望與復甦。

這個原型在夢境、幻想以及沙遊中的匯聚成形，能帶來啟發，並為那些深陷孤兒之苦的人帶來轉化。作者以具有說服力的方式藉由闡釋與案例資料，展示孤兒原型的匯聚以及伴隨而來的孤絕、苦痛與絕望感受如何在個體化歷程（individuation process）中扮演觸媒的角色。榮格在其波林根住所鑿刻的「孤兒石」（Orphan Stone）提供了普內特博士此書的靈感，讓她將孤兒擺放在人類議題的核心之中，而非微不足道的邊緣地位，並且邀請我們一同探索於自身內在以及世上感到孤身一人之感所具有的創造性潛力。這是一本與眾不同的書，其所談論

的主題極易受到人們過於狹隘與侷限的眼光所看待，然作者終結道，接納了自身內在的孤兒，我們始能為自己擁有的獨特人生旅程負起責任，而這種態度同時也讚頌與他者（the other）之間擁有的真實關係。

約翰・席爾（John Hill）

於瑞士蘇黎世

譯註 1　《等死室》（*The Dying Rooms*）是一九九五年的一部紀錄片，揭露當時中國一胎化政策下收容棄嬰的孤兒院將病弱幼兒集中於一個房間內，任由他們自行死去的景況。拍攝的導演為 Kate Blewett 和 Brian Woods。

導論

Orphanus Sum 意指我是個孤兒，孤身一人。

──卡爾・榮格 [1]

那是個典型哈利法克斯（Halifax）的微寒春夜，天空飄下薄如霧氣般的雨絲，街道上的行人毫無遮蔽地步行在雨霧中，絲毫不覺得有何不妥。而來自溫暖、陽光明媚的加州的我，不只身上層層包裹著，還穿著雨衣、手裡撐著雨傘，我看起來肯定很突兀。這是我初次造訪加拿大的這一帶，這個風景如畫的大西洋海港城以及環繞四周的房子讓我印象非常深刻。雖然我來自北美洲另一邊的太平洋岸，但不知為何我感到自己與這片土地有著聯繫。隔天我就要針對「孤兒」這個主題進行一場演講和研討了，不知道有誰會來，而且對這個主題感興趣。在個人生命中找尋自身的重要性、意義以及完整性，是我們每個人都要面對的旅程，這正是我一直以來書寫的主題。而現在，我人在異鄉，想著不知道這樣的經驗對別人來說是否具有意義。

　　主辦單位說，報名參加的人數比往常踴躍，這或許表示大家對這個主題興趣很濃厚，也或許是不自覺地踏上這條找尋自身意義的旅程的人，遠多於我的想像呢。我為主辦單位感到高興，但仍舊對於來參加的人感到好奇。在第一場演講結束時，還有些許時間讓與會者提問，一位二十多歲的年輕女性說，她在當地的購物中心工作，看到一些人似乎非常不快樂，她為此憂心忡忡，想知道是否能做些什麼事情去幫助這些人。她對他人的痛苦竟有這樣深的憐恤之情，而她的問題所顯露的成熟度也讓我心中一凜；這女孩給我的感覺是她經歷過某種痛苦，因

此現在擁有這份對他人的敏感度。隔天這位女孩帶來一本書送給我做為禮物，書名是《佛子行三十七頌》，其中一偈和她的提問有關，或許也和她的敏感度有關，頌文如下：

雖乏資財為人賤，
復遭重病及魔侵；
眾生諸苦己代受，
無怯弱是佛子行。[2]

這段頌文省思的是，即便生活如何困苦，人們必須提防失去自身心智的平衡與清明，並且不要把持不住而求助於毒品或酒精，或是回到不健康的人際關係裡。我們自己遭遇了苦難，或是他人的困苦讓我們感到煩憂，都可視為是靈性導師，可以幫助我們培養出更深厚的耐性、憐恤、慈愛、忍耐與堅毅的性格，並且將我們從受苦中釋放出來。這是我在瑞士接受分析訓練時所學習到的，人必須要待在受苦之境，因為它會成為我們的老師。提出「這件事對我的意義何在？」這個問題，會帶領我們到達新的意識狀態，並且就其本質而言，這是一趟我們得獨自完成的旅程。

在榮格心理學中，「高層意識，或是超越我們當今意識的知識，就等同於**獨自地存於這世間**」[3]。這個意思便是「我是

獨自一人」，無論身邊是否有家人或朋友，而且我們正走在一條引導我們獲致更宏大意義的旅程上；本書的主題便在此。這是一種隻身一人活在這世界的感覺。Orphanus Sum 是「我是個孤兒」的拉丁文，這個根本的「隻身一人」意涵會在本書中加以探索。具體來說，就是要探索我們對它有何瞭解、它打從哪兒來、它是如何顯現的，還有我們該如何處理獨自一人的感受。這種感覺在我們現今所處的世界裡越來越常見，或許是為了抵銷人們透過網路便能輕易取得「連結」並且形成「關係」的情況吧。

一九五○年榮格為了紀念自己七十五歲生日，完成了瑞士波林根鄉間住所前一座四方形石頭上最後一面的雕刻，他在那上面探索著孤兒的意涵。這座石雕對我們的主題具有特別的意義，因為其中一面刻有一段關於孤兒的引文。榮格說過[4]，他所刻下的那段關於孤兒的諺語多多少少是引自煉金術。其確切的來源已經不可考，但是醫學博士阿佛列德・利比（Alfred Ribi）[5]曾對煉金術的文本進行了研究，發現波林根石雕上所刻的文字「並非一字不差地引自煉金術文本」，「孤兒最先出現在佩涂斯・波諾斯（Petrus Bonus）的著作《寶貴的新明珠》（*Pretiosa Margarita Novella*），其中提到：『這個孤兒石沒有適當的名字。』」[6]孤兒也在雅努斯・拉奇尼厄斯（Janus Lacinius）編撰的版本中出現：「...non est mirandum quoniam hic lapis orphanus proprio nomine caret...」[7]，利比博士將之翻譯如下：「難怪這塊石頭被稱為孤兒，因為它沒有自己的名字。」因此，孤兒是個沒有身份的孤單個體。在提到他刻在石頭上的那段文字時，榮格說這乃是那塊石頭在發聲，我存在（ego emi），透過他化身為人；那段拉丁文翻譯如下：

我是個孤兒，無依無靠；儘管如此，四處都看得見我的身影。我雖是一人，但又和自己形成對照。我身兼年輕與蒼老而且同時畢現。我既不認識父親，也不識得母親，因為我定然要像魚一般從水底深處被擄獲，或者像白石那樣自天上墜落下來。我在山林和樹叢間漫遊，但我也隱藏在人們最深的靈魂中。對每一個人來說，我終須一死，然而我卻不受萬代更迭所侵擾。[8]

瑪德‧奧克斯（Maude Oakes）身兼畫家、作家與業餘人類學家，而且表哥還拍攝了一部有關榮格的電影，她想要了解這段刻文的意義，於是展開探索深意的任務。她在榮格雕刻完這塊石頭的幾年後，和榮格在波林根會面。先前她曾為了前述的影片所需，應邀對這段文句作些分析，這正是她開始進行研究的背景因素。

榮格在針對那塊石頭的最初對談中，說：「那個石雕沒

什麼大不了的。我不是藝術家；我那些雕刻只是自娛罷了。那不過是個節日應景的事物——就跟我唱了首歌一樣。」[9] 後來奧克斯和榮格書信往返，討論她針對那座石雕所寫的書稿，而榮格在回覆中稱，他所有著作的內涵與精神都包含在那座石雕之中了。榮格談到這座石雕上的象徵，並評論道：「它們不過就是一些影射，暗示著某些事物，說得結結巴巴的，而且時常迷失方向。它們不過是我想要捕捉、定義、描繪那些無法言喻之物的不自量力之舉。」它們不應被視為「某種信仰的告白」[10]，而且榮格否認自己擁有任何形上學的真理。榮格接續說到當地的氛圍與感覺對於那座石雕的重要性，而且湖泊與山丘之間的隱蔽之處正是它的歸宿，它在那裡傳遞出幸福的孤單感（beata solitudo）[11] 以及在地的精神（genus loci）[12]。「唯有在隱蔽獨處下它才能說：我是個孤兒，而且只有在那裡，它（那塊石頭）才有意義。」[13] 這暗示著個人的探索旅程，因為我們的生命史均是受到自身的父母以及教養環境的在地氛圍所影響。

刻著孤兒的那一面向著波林根所在的湖邊，雅菲（Jaffe）書中收錄的一幀照片便呈現了那副景象[14]。最近這座石塊添了頂帽子以抵擋天候，鏡頭留下了它置身於山湖間的孤獨（圖一）。

榮格說道，這座石塊「……是自顧自的存在，且只有少數

　　　　　　　　　　　孤兒：從榮格觀點探討孤獨與完整

圖一　覆上銅蓋的石塊。

普內特拍攝。

幾人見過。唯有在這樣的前提下，這塊石頭才會低聲吐露它模糊得知的古老根源與先人事蹟。」[15] 雖然奧克斯努力想要理解榮格在石塊上的雕刻有何意義，榮格卻告訴她，唯有去探究這塊石頭對她本身具有何種意義，她才能發現雕刻的真義。她認真對待這段話，從而在探究的過程中發現了屬於她自身內心世界、她自身的追尋及發覺的隱喻，這正是那段來自煉金術士的文本中的句子裡最重要的面向。也就是說，個人自身的旅程，不論這旅程會有多難熬，都是屬於個人的旅程，而且必須為一生中由內在改變所帶來的結果感到驕傲。榮格認為這並非藉由

分析來達成，而是藉由合成（synthesis）導向整合；人的生命有一個完成目的的意義，並藉由我們的人生境遇引領我們達到整全之境。在受苦中我們是孤身一人，如同孤兒那樣，然而這正是孤兒的召喚所在。

榮格開啟了自我探索之旅，他多年來的努力都收錄在《紅書》中。他寫道：

那些年歲，就是我曾經對你們訴說過的，那段我追尋自身內在影像的時期，是我一生當中最重要的時光。其餘的每件事都由此而生。一切都從那時期開始，後來的細節就無關緊要了。我的整個人生都在闡釋那些從無意識迸發出來的東西，它們像一條謎樣的滾滾長流般將我淹沒，且威脅著要將我摧毀。其份量與素材遠遠超過一生所能承載。在那之後的每件事只不過是表象的分類、科學的闡述以及將其整合入生活之中。但是那包含所有一切的神聖起點，就是在那時。[16]

在名為「沙漠」的章節中，榮格描述了與自己同在的重要性。他指的不僅僅是日常概念所及的那個自己，更是「磨難」所屬之處，而人們在此處轉向「最深處的神靈（spirit），以求助於靈魂之類的事物，即靈魂的國度」[17]。榮格繼續說：「唯有自我能進得了那裡，或者當人完全地成為他的自我，此時他

　　　　　　　　　　　　　　孤兒：從榮格觀點探討孤獨與完整

既非事件，也不在人之內，亦不在其思想中。」榮格進一步認為，人在此處必須讓自己和思想脫勾，並耐心等待必將浮現的肥沃土壤，在這土壤上，當「創造之力（creative force）此時轉向靈魂之所在，你會看到你的靈魂變得生機勃發，而且從靈魂的地土中結出美好的果實」。榮格把這個等候創造之力到臨的狀態比喻為「磨難」，而且是多數人難以承受的。為了踏上這樣一趟旅程，必須要心存信任：亦即當我們進入孤寂的荒漠後，一如先人在我們之前已做過的那般，要相信在其中出現的意象（image）必然蘊含著真理。

因此，人具有潛能，有能力在未來有所發展與變化。「潛能」（potential）這個詞源自於中古後期的英語以及晚期的拉丁語中的「潛能」（potentialis），意指擁有力量。[18] 每個人內在都擁有潛能，但是這番知識得要從與自身相處之中獲得，要了解自身是誰，以及自己在這世上必須存在之地，這可是一趟英雄之旅。

孤兒有許多面向，從承載著社會的陰影和羞愧感 [19] 的失親兒童所喚起的意象，到讓個體更為分化且不僅覺知到外在世界也覺知到內在世界的歷程。這種感到自己與他人不同、不被理解，或是和家人或朋友格格不入的感覺，都會引發出自己在這世上孤身一人的感覺。最近有很多探究神經生物學以及母嬰對偶關係的重要研究，雖然這些可能對孤零零的感覺有所

影響，但無法提供完整的答案，因為這不僅只是生物因素，還需要納入人類的文化和先天的傳承。這趟旅程是關乎人類從早年各種境遇中掙脫並取得覺知的能力，這超越了地理位置和文化，因為它屬於集體無意識，並且以原型的形式存在著。思及此，我們將從象徵的層面探究孤兒的意義。書中將討論並詮釋童話故事〈小孤女〉，以說明套用在現今的人們身上會是何等情景。貫穿全書中的個人故事則將描繪出那份在世上隻身一人感受的複雜性。

孤兒無依無靠，一方面這意味著具有發展的潛能和新契機，但另一方面，也可能是繼續停留在孤立與格格不入的狀態。在這潛能與孤立所形成的對立兩極之間的張力，或許反而賦予我們內心的孤兒進行和解的更佳機會。孤伶伶的孩子或成年人擁有展開一場非凡冒險的潛能，這就是孤兒在原型層次上的真理。就讓我們先來看看歷史中的孤兒吧。

原註 1　C.G. Jung, *Memories, Dreams, Reflections*, p.216. MDR refers throughout this publication to Memories, Dreams, Reflections.

原註 2　G.S. Rinchen, *The Thirty-Seven Practices of Bodhisattvas*, p. 50。編註：《佛子行三十七頌》是西藏佛教高僧無著賢（1295-1369）所著，他將畢生修持經歷及經教所宣說的種種修持菩薩行法門，以偈頌的方式寫成三十七句頌文。

原註 3　C.G. Jung, The Psychology of the Child Archetype, *The Archetype of the Collective Unconscious, CW 9i*, p. 288. Note: *CW* refers throughout this publication to *The Collected Works of C.G. Jung*.

原註 4　Jung, *MDR*.

原註 5　A. Ribi, personal communication, February 27, 2001。編註：利比曾在榮格學院師從馮‧法蘭茲，除了榮格心理學之外，他也專精煉金術傳統及古老的諾斯底經文，並擔任過榮格學院的教務長。

原註 6　C.G. Jung, The Components of the Coniunctio, *Mysterium Coniunctionis, CW 14*, p. 13fn。編註：波諾斯是中世紀晚期的煉金術師，其最著名的著作《寶貴的新明珠》試圖將煉金術建立在哲學的基礎上。

原註 7　J. Lacinius, *Pretiosa Margarita Novella de Thesauro ac Pretiosissimo Philosophorum Lapide*, p. 54r。編註：雅努斯‧拉奇尼厄斯被認為可能是一位方濟各會修士的筆名，此書一五四六年於威尼斯出版。

原註 8　Jung, *MDR*, p. 216.

原註 9　M. Oakes, *The Stone Speaks: The Memoir of a Personal Transformation*, p. 15.

原註 10　Oakes, *The Stone Speaks*, p. 18.

原註 11　D. P. Simpson, *Cassell's Latin Dictionary*, p. 74.

原註 12　Simpson, *Cassell's Latin Dictionary*, pp.264, 349.

原註 13　Oakes, *The Stone Speaks*, p. 19.

原註 14　A. Jaffe, *Word and Image*, p. 204.

原註 15　Oakes, *The Stone Speaks*, p.19.

原註 16　Jung, *The Red Book: Liber Novus*, vii.

原註 17　Jung, *The Red Book*, p. 236.

原註 18　E. Klein, *A Comprehensive Etymological Dictionary of the English Language, Unabridged, One-Volume Edition*, p. 580.

原註 19　J. Evetts-Secker, *Orphanos Exoikos: The Precarious Possibility of Wholeness*.

孤兒的歷史背景

　　雖然我無意說生在濟貧院這種環境，是降臨在人身上最幸運，也最令人羨慕的好事，但就奧利佛・推斯特（Oliver Twist）這個例子來說，確實是如此，這對他可能是再好不過的事了。

──查爾斯・狄更斯[1]

關於本章的背景，大家可能有興趣知道我怎麼會撰寫孤兒這主題。基本上，是孤兒找上了我！我先前孤家寡人地前往瑞士，到庫斯納賀特（Küsnacht）的榮格學院深造。

在瑞士期間我和來自四面八方的各國人士結交，正是透過這些連結，機運才浮現。我幾位朋友們的孩子參與了一齣有關雅努什・柯扎克（Janusz Korczak）生平事蹟的戲劇演出，我去看他們的表演。柯扎克是個猶太人，出生在華沙，後來成為一名小兒科醫生，他也寫了一些書，在文壇算是小有名氣。後來他專為猶太裔的孤兒親自打造了個孤兒院，並擔任孤兒院主任一職，成為這些孤兒們的導師。[2] 當德國人在一九四〇年創建了華沙猶太區時，他被迫將孤兒院搬遷至該處。後來德國士兵要帶走這些孤兒時，柯扎克儘管有機會逃過一劫，他卻拒絕離開孩子們，甚至跟著孩子們前往特雷布林卡集中營（Treblinka）赴死。這齣劇非常動人，講述了柯扎克對這些無依無靠的孩子們的奉獻精神，以及他真實的人性。這齣戲也對我述說了柯扎克追隨召喚的孤獨之旅，這召喚和他的同儕以及大眾的願望是如此背道而馳。

這齣戲將我對孤兒主題的興趣拉到最高點，主要是因為我自己正處在這樣一趟孤獨的旅程中，感覺自己就像個身在異鄉的孤兒，沒有真正的歸屬，但，我已經在那兒了。然而我知道這是我必須要踏上的一趟旅程，獨自一人的處境讓深入探索自

我的歷程更加淒楚。當我和朋友們以及生活周遭的人談到我對孤兒主題的興趣時，有人介紹我去會晤一位男士，因為這位男士曾在瑞士的孤兒院待過。我十分好奇，想知道他的旅程和求生存的經過。這位男士為人坦率又誠實，而且挺過了因二次大戰而遭逢巨變的人生。然而這並非他人生的終結，儘管是孑然一身，那段經驗卻使他更為堅強，而且後來他在瑞士為自己以及他的家人造就美好的生活。

　　在這之後不久，我有機會到牛津參加教牧心理學協會（The Guild of Pastoral Psychology）的榮格講座。演講結束後，大型圓木桌上散置著求售的二手書籍。我對任何書籍總是充滿興趣，於是開始瀏覽起來，沒想到其中竟然有一本名為《石言錄：關於個人轉化的回憶錄》[3] 的書。當我翻閱這本書，看到榮格所雕刻的孤兒石的照片時，全身不禁起了雞皮疙瘩。找到這本書的共時性後來越來越饒富意義，於是我知道我得去波林根一趟，去造訪這塊石頭的家。

　　更巧的是，榮格家族每年都會向榮格學院的學生們開放參觀一次！在那裡，我找到了那塊石頭，那塊沒有歸屬、上面刻著第一章詳細介紹過的孤兒引文的石頭。在這麼短時間之內出現這麼多的機緣，看來這便是我必須書寫的東西了，而且這和我自己的旅程如此地相互呼應。這是屬於個人的曲折摸索，而看似漫無目的的遊蕩開始有了意義。這個例子也就是榮格所說

的，當人踏上自己的路途，我們不曾臆想過的大門將會向我們開啟。

定義

在希伯來文中，孤兒被定義為「無父」，而聖經中的經文暗示著這些人是無助的，暴露在傷害之下的。例如〈出埃及記〉二十二章二十四節，「……使你們的妻子為寡婦，兒女為孤兒」（譯註：作者用的英文版聖經此處為 fatherless，但在中文聖經和合本中將此翻譯為孤兒）。然而，從聖經中這個希伯來文的用法來看，這裡是否是指父母雙亡並不清楚。[4] 希伯來律法周到地為無父的孩子提供特別的十一奉獻，在每隔三年為一期的末尾施行，並且可以要求在田間留下落穗讓他們撿拾。〈申命記〉十四章二十八至二十九節便提到「每逢三年的末一年，你要將本年的土產十分之一都取出來，積存在你的城中……孤兒寡婦，都可以來，吃得飽足。」照顧無父孩子的呼籲頻繁出現，並且時常連帶提到寡婦，以示對困苦之人的憐憫。〈出埃及記〉二十二章二十二節有「不可苦待寡婦和孤兒」，〈申命記〉十章十七至十八節則說「因為耶和華你們的神，他是萬神之神，萬主之主，至大的神，大有能力，大而可畏……他為孤兒寡婦伸冤……」

孤兒：從榮格觀點探討孤獨與完整

孤兒這個詞源自拉丁文 orphanus，還有希臘文經英文翻譯成形容詞「無父親的」（fatherless）、「孤兒的」（orphaned）[5]。原來的意思並非指失去雙親，而是只有父親不在了。雖然沒有明確的文字記載，但孤兒亦可以是指女兒，而且在那些年代只有在沒有生兒子的情況下才能由女兒繼承父親；因此，無父的女兒在以色列人的社群裡是需要做特別的考量。也有人認為，這些無父的女童是廟妓所生的女兒，父親不詳，她們的人生與寺廟融合在一起，有時候不孕的婦女會收養這些孩子。[6]目前，《簡明牛津詞典》將孤兒定義為失去父母之一或通常是雙親俱失的孩子。[7]

　　有意思的是，「個人」（individual）這個詞在詞源上和「寡婦」（widow）這個詞有關。[8]據加拿大語言學家兼猶太拉比恩內斯特・克來恩（Ernest Klein）的說法[9]，「寡婦」（拉丁文為 *vidua*）一詞源於 *di-videre*，意思是「分隔」，還有來自印歐語系的字根 *widh*，「分離」之意。因之，寡婦是指分離出去的一方，所以在尚未正式守寡前，當事人仍處於分離的過程中，仍然不算是個單一個體。儘管焦點一直放在女性的身上，但這也適用於鰥夫，因為男性也會有喪偶的經驗，並在其中經歷到在世上隻身一人的感覺。重點在於，人必須從他或她所依賴的對象上分離，以成為獨立的個體。正如我們將在後面章節看到的，成為一個個體意味著成為分化出來的人，並且

越來越少依賴其他人。而且，毋庸置疑地，其重要性在於忠於自己的本性以及自己獨特的命運。

這並不是項簡單的任務，我們可以從一位失去結縭二十二載髮妻的男性身上清楚看見這樣的例子。包博的故事是挺常見的，雖然在經歷喪妻的過程中他極為哀慟。五十八歲的包博一直等到找著合適的對象才結婚，即便這段婚姻公認美滿，但是溝通不良的問題從未處理，而自滿的心態漸漸成形。這些都是人們為了維持關係而經常不予理會的互動，然而隨著時間的累積，這些屢屢錯失的溝通契機將會危害關係。在這個家庭裡，媽媽和長子之間的情感過於緊密，以致於這兒子極為依賴母親來滿足他在情緒上的需求，甚至當他負笈外地上大學時，還天天和母親通電話。包博試圖對此表達意見，但是母子倆不加理會，結果在媽媽過世後，兒子陷入了重度憂鬱。包博現在不得不去檢視他自己在這局面中所扮演的部分，他如何對自己的需求置之不理，並且默許這樣的安排，而這份婚姻是怎麼地「不完美」，他又如何不得不面對自己的孤獨以為自己建造新生活。包博不得不去面對自己對於孤獨、對於成為一個獨立個體的恐懼，也就是自己的身份無須憑靠與另一個人的關係來成立或定義。

據榮格 [10] 的說法，「孤單並非來自身邊無人，而是在於無法向他人傳達自己認為重要之事，或是來自於持有他人所無

　　　　孤兒：從榮格觀點探討孤獨與完整　├───

法認同的觀點」。這正是發生在包博和他妻子之間的情形，現在對方走了，過去一直沒說出口的事情變得更加難以承受。雖然再也無機會繼續對話以解決過去累積的情緒，但是還是有成長的機會，可以去了解到底什麼地方出錯了、他自己在錯失溝通機會的問題上扮演什麼角色，以及他何以無法將自己的感覺講明白。藉由心理治療他才能夠評量自己未曾說出口的東西，瞭解自己在親密關係中的被動，感覺到自己的心聲被聽見與被肯定，不再感到那份錐心的孤寂在侵蝕著他。

對威廉來說也是相仿的經驗。妻子過世時，兩人的婚姻持續了超過三十個年頭。當太太被診斷出癌症，而且雖然接受了治療但是毫無反應，但他們二人對於妻子即將到來的死期絕口不談。醫院的工作人員和專業人士均努力鼓勵他們溝通，但是他悍然拒絕，而且對於任何認為他的妻子會在這場對抗疾病的戰鬥中敗陣下來的想法均勃然大怒，而妻子也沒有說些什麼。自從妻子過世後，如今他緊抓著對太太的回憶不放，也執著於那些他們本來可以談但卻沒說出口的話，同時尋找能替代妻子位置的女人。他仍然沉浸在對妻子的回憶，否認自身的獨特性以及存在於他自身、能夠邁向個人生活的潛能。這是一個至關重要的時刻，因為我們如此輕易地就想找人替代離去的那一位，以致無法經驗到這種失落以及獨自面對人生的處境所能為力量帶來的更新。理想上，雙人的關係要能夠支持對方的個

體生活，而非攀附或依賴，讓了解自我成為關係中更重要的內涵。

數年過後，即使已有約會對象，威廉仍然緊抱著對妻子的回憶不放，他發現自己很難再對另一個女人傾心。他尋覓可以取代他和妻子那份親密的人，但沒有一個女人夠份量。某次有女友陪伴在一旁的夜裡，他做了個夢：

我睡著了，然後我看到了我的妻子。她獨自躺在床上，身上蓋的毯子拉到胸前，雙手放在毯子下。我仔細地看了看，但是我不確定她是在睡覺或者是已經死了，不過她看起來好像微微地呼吸著，我不確定。

我看向左方，看到我的妻子坐下來，她的頭好像拄在拳頭上，就像羅丹的雕像「沉思者」的動作那樣。我知道她認出我來了。我望著她對她說：「我想和你在一起。」

我的妻子已經站起身來，向我走過來，並且用她的手臂環抱著我，她的雙手摟住我的肩膀，溫和地說：「我不能和你在一起」，又或者是說：「你可不能和我在一起」。一剎那我防衛了起來，而且有點反抗。她看著我……我對自己說：「哦，我當然可以。我可以和你在一起……如果我想要的話……我可以自殺。」

他從這個夢中驚醒，感到害怕並啜泣不已。他否認自己有任何想要自殺的念頭，甚至他覺得自己的生活開始有了一些樂趣了，但是這個夢境是如此的真實，而夢中的妻子又是如此的栩栩如生，他知道這是一場重要的夢。

雖然他說他已經向前邁進，但很顯然地，在情感上他對妻子並沒有放手。然而她（他的阿尼瑪）正在試圖幫助他「溫和地」了解他需要放手讓她走。他的固執甚至無情到想要犧牲自己的生命。如果他沒有辦法達到新的體認，他就會犧牲掉這個讓自己以完整的意識去生活的機會。這個夢境實在是個敲醒他的警鐘，讓他了解他們之間關係中的動力，以及進入有可能變得親密的新關係的機會，而那種親密或許是他以往未曾知悉的。他知道自己還沒有準備好對另一個女人作出承諾，同時他終須放棄想要取代妻子帶給他的一切的努力。他需要明白為什麼他如此拚命地緊抓住妻子不放，但顯然他已到了需要放手的時候，然後開步邁進他自己的生活，活出自己的命運。

對於那些共同生活了一輩子的夫妻來說，這一類故事實在很常見。一名結縭五十年後丈夫過世的女士，在失去丈夫後的第九天開始出現暈眩的症狀，出現天旋地轉的感覺並失去平衡感。在接受許多醫療之後，這些症狀仍然不得緩解，於是醫師建議她進行心理治療。數字「九」代表著新的開始，並且擁有到達一種更為分化的意識層次的潛能，這個意識層次將會與意

識本身及世界調和。[11] 但是，她有辦法承擔其中所牽涉的工作嗎？失去丈夫已使她無法獨自處理事情，而如今她所依賴的不是丈夫，而是她那幾位已經成年的子女。她承受著如此巨大的悲痛，覺得自己的個人生活毫無意義。她的家人都非常體貼，對她百依百順，看不出能使她獲得療癒的潛能，而她極度的依賴則讓人對她是否能改變只能抱持保留的態度。為了理解悲傷與受苦，她必須進入荒漠中去體驗她的靈魂最深處以及她生命的意義，現在機會來了。這可不是件容易的工作啊！

這種孤獨的感覺可能發生在任何年齡階段。丹尼是一個五歲的男孩，他之所以被轉介過來，是因為他會做出「緊張時的習慣動作」，儘管父母用行為來制止，也無法消除這個狀況。他的抽搐動作是扭耳朵加上打呵欠。這些症狀大約在他的妹妹出生六個月後出現。當時他父母親正擔心著妹妹的聽力，後來確診有嚴重的先天性聽力缺損。妹妹的需求成了焦點所在，除了就醫多次，後來還動了手術。丹尼之前才剛剛換了間新的幼稚園就讀，而且變得越來越愛頂嘴。丹尼告訴我他做了一個「非常可怕的夢」，在那個夢中，人們手裡拿著手電筒在一個黑黝黝的隧道裡，「像是幽靈隧道」，尋找湯瑪士小火車[12]。這個夢境突顯出他的孤單感受以及希望有人能找到他；而新近出現的抽搐徵狀，則與妹妹的診斷有著象徵性的關連。

在六個月的治療期程裡，當丹尼心中那些被拋棄的感覺，

以及母親將所有的注意力放在妹妹身上所帶來的失落感都獲得處理時，丹尼的症狀就不復存了。他在沙遊中上演一場英雄之旅，奪回自己的力量，象徵性地將他對母親的憤怒表達出來，然後他才能夠回復原本的生活。與母親的關係受到阻礙，以及妹妹當然需要接受醫治的狀況，讓丹尼深受影響。根據德‧佛萊斯（Ad De Vries）[13] 的見解，耳朵象徵好奇心，而且儲存記憶之處在耳垂之中。他回復到過度控制自己情緒的心理防衛反應，這種作風是家中提供給他的模範[14]。父母親的作風也經過討論，因此他們對於孩子的感受變得能夠以更開放的態度去聆聽並予以接受，相應而來的就是丹尼的症狀停止了。

知名的孤兒

一般而言，當我們想到孤兒，就會想起在文學故事中的孤兒們；他們常常和妓女與強盜在街頭遊蕩，身上沾滿著塵埃。他們掙扎著求生存，充滿活力並善於變通，總能將就現況度日或是找到方法供應自己所需。沒有哪一個孤兒會比奧利弗‧推斯特更淒涼的了，他的母親在未婚產下他以後就過世。甫一出世，他就面臨著在這世界上獨自一人的狀態。還有另一個沒人要的孩子，必須和自己的存在價值抗爭，就是馬克‧吐溫筆下的哈克貝利‧芬恩（Huckleberry Finn），他拒絕別人的憐憫和

關心，寧可自食其力。J. K. 羅琳筆下的哈利·波特在失去雙親之後成為一名孤兒，掙扎於找尋一個能夠接納他以及他的天賦的地方。

《哈利波特》的系列叢書於一九九七年首次出版，多年來一直在當代文化中引領風騷。這是為什麼呢？首先，全系列共有七本書，「七」這個數字似乎與人類的無意識靈魂以及靈性的發展有關，而這果然便是《哈利波特》系列的主題。哈利是一個孤兒，這套系列叢書記載了哈利與那位撒旦般的人物「佛地魔」（Voldemort）之間的戰鬥。在法文中，Voldemort 意思是指死神的飛行。哈利在父母遭受襲擊以及佛地魔想要殺死他的情況之中倖存下來，他的額頭上因而留下了一道閃電般的疤痕，象徵著宙斯所擁有的創造和毀滅能力。這是哈利受到魔法召喚的第一個明證，而且身為孤兒，更宏大的事情在召喚著他。瑪麗-路薏絲·馮法蘭茲（Marie-Louise von Franz）指出，我們必須從原型的脈絡來看待如英雄般的兒童，因為如此一來它才會呈現出更為深層的含意了，「也就是說，我們這個時代的新神明永遠都是在受到忽視且深入無意識的心靈角落中被發現的。」她接著說，「如果一個個體因為自身是被遺棄的孩子而深受精神官能症之苦，他或她便是受到要求要轉向內在被遺棄的神，但是卻不能認同於祂的痛苦。」[15]

我們從書中得知，有一則預言說哈利和佛地魔的生命，

一善、一惡，是彼此緊密相連的，兩者都不能獨存。首先點出這一點的，就是他們使用的魔杖之間的關連，杖芯都是由一支鳳凰尾羽的羽毛製成，正是這枝魔杖讓哈利感到害怕。因此，當哈利意識到他必須心甘情願地犧牲自己，以從佛地魔手中拯救這個世界時，這就變成了一趟靈性的旅程；而他也在這樣的過程中死亡、復生，而且在佛地魔被他自己反彈回來的死亡咒語殺死之前，哈利一直保持非暴力的態度。哈利的旅程是個人的，他也讓我們看見了所有的行為都有不滅的後果。這與現今盛行的消費主義形成鮮明對比，消費主義讓人以為擁有物質就能滿足自己的需求。在這個科技當道的世界裡，充斥著靈性枯竭、情感疏離和個人的孤立，唯有藉由認識我們自己在這個複雜世界中的位置，我們才能開始有些領悟。事實上，我們所做的選擇決定了我們是什麼樣的人以及我們活出什麼樣的命運，而我們但願這些能致力於帶來更大的善。

甚至早在這些當代的故事出現之前，我們便有來自聖經裡的故事，突顯出聖經人物如何掙扎求生存，以及如何活出命定的人生。摩西就是這樣的一個故事；另一個故事則是在羅馬神話裡的羅穆盧斯（Romulus）。

摩西

〈出埃及記〉第一章裡提供了故事背景，說到法老王命

令他的百姓將希伯來人所生的兒子丟到尼羅河裡（若是女兒則能倖免）。這個命令的原因似乎是因為擔心他們所畏懼的以色列人會生育過多，但也有預言說以色列人所生的兒子會殲滅埃及。

在摩西誕生之前發生的事件，讓我們更能明瞭即將來臨的一切。下面的故事來自於希伯來神話。[16] 在約瑟死後第六十年，執政的法老王在夢中見到一個老人手中提著一對天平，其中一個秤上放著的是埃及的所有居民，而另一個秤上僅放著一隻羔羊，但其重量卻超過所有的埃及人。這個夢境宣告著以色列人將會生下一個兒子，他將會毀滅整個埃及。法老王驚恐萬分，立即命令全國以色列人的新生男嬰必須被處死。由於這個命令，當時一個名叫暗蘭（Amram）的利未人決定與他的妻子約基別（Jochebed）分房，這樣才不會懷孕以致孩子可能被處死。他的女兒米利暗（Miriam）卻反對這種解決辦法，她信心滿滿地預言法老夢中的孩子會從自己母親的子宮生下，並且會讓他的人民獲得解救。因此暗蘭再度與已經分居三年的妻子同房，經過三個月之後她懷了一個兒子，後來取名為摩西。據說在他出生的時候，整個房子籠罩著非凡的光輝，意味著預言是真的。

聖經中摩西誕生的故事，出現在〈出埃及記〉第二章裡。

有一個利未家的人娶了一個利未女子為妻。那女人懷孕，生一個兒子，見他俊美，就藏了他三個月，後來不能再藏，就取了一個蒲草箱，抹上石漆和石油，將孩子放在裡頭，把箱子擱在河邊的蘆荻中。孩子的姊姊遠遠站著，要知道他究竟怎麼樣。法老的女兒來到河邊洗澡，她的使女們在河邊行走。她看見箱子在蘆荻中，就打發一個婢女拿來。她打開箱子，看見那孩子。孩子哭了，她就可憐他，說：「這是希伯來人的一個孩子。」孩子的姊姊對法老的女兒說：「我去在希伯來婦人中叫一個奶媽來，為你奶這孩子，可以不可以？」法老的女兒說：「可以。」童女就去叫了孩子的母親來。法老的女兒對她說：「你把這孩子抱去，為我奶他，我必給你工價。」婦人就抱了孩子去奶他。孩子漸長，婦人把他帶到法老的女兒那裡，就作了她的兒子。她給孩子起名叫摩西，意思說：「因我把他從水裡拉出來。」（〈出埃及記〉第二章一至十節）

　　有趣的是，在這個故事中，他與母親分離之後，卻又是生母來撫養他，直到他被送去給法老的女兒。在當時那個年代，奶媽照顧小孩至少會持續兩年之久。[17] 無論如何，摩西還是被視為是個孤兒，因為他最終還是沒有親生母親和父親在身旁。這種孤兒的身份突顯出他必須踏上的旅程，那是一趟非常個人而且刻意為之的增進意識之旅。羅馬內利（Romanelli）在一幅

畫中描繪了摩西在蘆葦叢中被人發現的故事（圖二）。

　　因此，摩西是一個傳奇人物，因為他是「……在耶和華（Yahweh）與以色列人之間的調人，將人民從埃及的奴役中釋放出來，並領導民族實現自己的命運。」[18] 摩西具有神話中英雄人物誕生的特徵，例如：「一、出生在險惡的環境下；二、掌權者意圖取其性命；三、嬰兒經常缺乏保護或者被拋棄，通常是被丟在水裡；四、通常會被身份卑微的人所救，並伴隨著奇異的事蹟；五、通常會有兩對雙親，一對是尊榮的父母，另一對是身份低下的父母。」[19] 若將這些作為個人心靈的隱喻，人們便是經由直覺的過程發現自己與生俱來的智慧與存在的型態，而這必會帶來個人有其侷限的領悟。這些限制，以及最終的必然一死[20]，賦予了意義，並且讓我們尋找此生專長何在，因此，限制就是自由。所以，成為孤兒是為了讓自己的生命可以被救贖並具有意義。

羅穆盧斯

　　這是關於英雄羅穆盧斯的羅馬神話。他是雙胞胎中的一位，在故事中他擁有皇家血統，但是統治者判處將這對雙胞胎兄弟扔進河裡，後來一隻雌性動物哺乳了他們；在被人發現以後，由一對獨子已過世的夫婦撫養。這個神話故事的主題就是克服最初的逆境。

圖二　〈從水中救出嬰兒摩西〉，喬凡尼‧法蘭西斯科‧羅馬內利
　　　（Giovanni Francesco Romanelli）繪。

　　　資料來源：布里奇曼藝術圖書館。經許可轉載。

這對雙胞胎是在普羅卡國王（King Proca）將王位交給長子努米特（Numitor）繼承之後才出世。新王繼任不久便遭弟弟阿穆利斯（Amulius）篡位，奪取國王的身份。為了不讓努米特的任何後裔有機會奪回政權，阿穆利斯將哥哥所有的男性後裔全部殺光。努米特的女兒依莉雅是一名維斯塔貞女（vestal virgin，譯註：是古羅馬灶神維斯塔神廟的女祭司，需守貞至少三十年，維持廟中爐火不熄滅），但她委身於一名身份不明的男性，宣稱戰神馬爾斯（Mars）是她兩名私生子的父親。

　　先王努米特的女兒依莉雅經由戰神馬爾斯受孕，產下一對雙胞胎兒子，但是阿爾巴（Alba）當今的統治者阿穆利斯王判處將雙胞胎丟棄於河水中。國王的僕人將他們從阿爾巴帶到了帕拉蒂尼山（Palatine Hill）的台伯河去，但是當他們準備下山到河邊去執行命令的時候，發現河水已經高漲起來了，致使他們無法接近河床。於是他們將裝著嬰孩的盆子從岸邊推入淺水中。它在河上飄了一會兒，但是河水迅速下降，盆子撞上了一塊石頭翻覆了過去，嬰兒們在泥水中哭叫不已。一頭剛生產完有著豐沛乳汁的母狼聽見嬰兒的哭聲，她走過去將自己的乳房讓兩名男嬰吸吮，哺乳起他們來了，並在他們吸奶時用自己的舌頭舔著兩名孩子，幫他們清潔身體。空中還有一隻啄木鳥來

回地飛著，守衛著孩子們，還運送食物來給他們。

　　看來做父親的是有在照顧孩子，因為狼和啄木鳥是獻祭給戰神的動物。一位皇室的牧人在將豬群趕回到河水退走之處的草原時，看到這副情景。受到眼前景象震驚之餘，他召喚其他同伴前來觀看，他們發現母狼如同母親般地照顧兩名小孩，而孩子們對待母狼也就像是對自己的母親一般。（見拉夫斯〔Lafosse〕畫作，圖三）

圖三　〈羅穆盧斯和雷姆斯〉，查爾斯・德・拉佛塞（Charles de Lafosse）繪。

　　資料來源：布里奇曼藝術圖書館。經許可轉載。

這群人發出響亮的吵鬧聲想把動物嚇跑，但是母狼並不懼怕；她離開孩子們，但不是因為害怕；她慢慢地離去，絲毫不留意牧人，最後消失於森林的荒野中，那裡是法烏努斯（Faunus）的聖地（譯註：法烏努斯是羅馬神話中的農林畜牧之神，其形象上半身為人，下半身為羊），泉水在此處從山壑裡噴湧而出。（見圖四，著名的伊特魯里亞青銅，製於公元前五世紀，呈現母狼餵養雙胞胎）

圖四　卡比托林母狼（Capitoline She-Wolf）伴隨著安東尼奧‧波拉尤洛（Antonio Pollaiuolo）雕塑的羅穆盧斯與雷姆斯雙生子。

資料來源：布里奇曼藝術圖書館。經許可轉載。

同時，這群人將兩名男孩抱起來，去找王室裡負責照顧豬隻的豬倌浮士德勒（Faustulus），因為他們相信諸神不希望這兩位男孩喪命。浮士德勒的妻子最近剛好因為產下死胎而悲痛不已，她的丈夫便將兩名孩子給她撫養，這對夫妻就養育起這兩個孩子，並將他們命名為羅穆盧斯和雷姆斯。[21]

關於羅穆盧斯的故事，原本的故事很有可能只牽涉到羅穆盧斯，而雷姆斯的故事則是後來才加上的。[22] 這可能與兄弟反目的雙生子神話有關。愛丁格（Edinger）是這麼說雙胞胎的：「……命定要發展個體化（individuation）的自我（ego）會以雙胞胎的方式出生。」這與雙胞胎體現出善與惡的傳說有關，因此會有分裂，而且需要和解，「這種一分為二具有兩種面向：自我和陰影，以及自我和自性（Self）。」[23]

為什麼人注定要發展出個體化呢？我們已經提過英雄旅程的特點，而踏上英雄的旅程就意味著對自己的陰影更為覺知；自我並不是最終握有控制的一方，同時人要傾聽來自自性的敦促，而這卻可能和社會的甚至我們自己的（受到自我驅動的）期望相反。在這雙胞胎主題中，我們可以從心理層面上看見需要完成的工作。

不管怎麼樣，這對雙胞胎被人從河裡救出來，帶到了浮士德勒那裡，然後被他們夫妻所撫養。在長大成人之後，某天

雷姆斯被人指控竊取努米特的牲畜。努米特現在是國王了，因為他的弟弟阿穆利斯已經被暗殺，所以雷姆斯被帶到努米特面前。努米特懷疑這人就是自己的孫子。羅穆盧斯很快也前來，於是兩人合謀尋求報復並獲取他們正當的王權。然而由於兩人都不知道是誰先出生，所以雷姆斯對他的兄弟百般嘲諷，以致於羅穆盧斯在盛怒之下將他殺死。羅穆盧斯於是成為了國王，羅馬城就是以他的名字命名的。

這兩則傳奇故事都是在講述甫出世就命運坎坷的孤兒，但他們的生命力和足智多謀卻漸漸顯露出來。他們每一位都是來自不同的社會階層，可是同樣都被召喚著去克服生命初期的難關。這不僅是停留於無意識狀態下的命運，也是變得有所意識時的天命，而且不僅關係到我們被撫養長大的階段，也牽涉到我們被交付的父母。這兩種可能性稍後都會加以探討。

歷史上的孤兒

了解文化上經過數百年演變下對養育孩子所形成的態度為何，將有助於了解孤兒處境的艱辛。這提供了一個背景脈絡，讓我們藉以了解幾世紀以來對兒童以及最終延伸至孤兒的關切，是如何演變，以及文化對個體發展的衝擊，而由於約瑟夫・亨德森（Joseph Henderson）的著作《心理學視角的文化

孤兒：從榮格觀點探討孤獨與完整

態度》[24] 出版，這方面的領域已受到注意，近來更隨著《文化情結：從當代榮格觀點論心理與社會》一書的出版[25] 而受到更多的關注。文化態度一直在演變中，影響所及似乎使得人們在心理上對待孩童的態度朝向更有同理心並更富情感。美國心理史學家狄茂斯（Lloyd deMause）[26] 將歐洲歷史上的親子關係分為六個時期，這些分類顯示出為人父母者以同理心對待孩子的能力有所進步。最起碼，這可以為數百年來兒童以及最終延伸至孤兒所受到的對待方式，鋪陳出一個脈絡。

1. 殺嬰時期（古代至公元四世紀）：父母親慣用殺掉子女的方式來解決他們對於照顧孩子的焦慮感。投射在孩子身上的是無論發生什麼事都是他／她的錯。

2. 棄養時期（公元四世紀至十三世紀）：父母開始接受兒童是有靈魂的。但是兒童持續承受邪惡的投射。父母親藉由將孩子送給別人，或者是在家中對孩子不聞不問的方式，來擺脫焦慮。

3. 矛盾時期（十四至十七世紀）：父母親認為在精神上和體格上塑造兒童是他們的任務。父母親想要變得更親近孩子，但這只會加劇父母親在關愛與排斥之間的矛盾心理。這個時期兒童教育書籍的數量有所增加。

4. 侵擾時期（十八世紀）：在這時期兒童不再承載那麼多

危險的投射。父母對子女的處置是想要控制孩子的意志、憤怒、需求，甚至身體功能。同理心開始發展了，因為兒童不再被視為這麼具有威脅性。

5. 社會化時期（十九世紀到二十世紀中葉）：隨著投射的持續減少，養育子女變得比較不是征服孩子意志以便施予訓練、引導和社會化的過程。現在，兒童期的概念開始出現，但有某種過於理想化的可能性。做父親的首度對子女開始抱持更認真的關心。

6. 支持時期（從二十世紀中開始）：這種類型的育兒觀所根據的前提是，兒童比父母親更了解自己在生命每個階段的需要。父母雙方對子女的需要均能感同身受並加以延伸。

要等到早期基督教宣布禁止殺嬰之後，對於照顧棄嬰和孤兒的機構才出現需求。羅馬曾有幾度禁止將孤兒販賣為奴，但這只發生在仁慈的統治者治理的時期。在十二世紀期間，當時百姓的預期壽命只有三十歲，許多孩子早早就失去了父母。蓋伊‧蒙彼利埃（Guy de Montpellier）制訂了〈聖靈的諭令〉（Order of the Holy Spirit）來照顧這些孩子。當教皇英諾森三世（Pope Innoncent III）抵達羅馬時，十分震驚於台伯河上眾多的嬰兒浮屍，於是要求蒙彼利埃在義大利發展他的諭令所進

孤兒：從榮格觀點探討孤獨與完整

行的工作 [27]。

在棄嬰之家或是孤兒院中，是由村婦在機構之內或之外養育嬰兒，就和佛羅倫薩著名的英諾森孤兒院（Innocenti）一樣（見圖五英諾森孤兒院正面牆上的圓形雕塑）。圖六顯示在巴黎的一位母親將她的孩子託付給孤兒院。這些孩子會在孤兒院一直生活到七、八歲，然後要不是被人領養，或是被送出去當學徒或是傭人。

圖五　佛羅倫斯孤兒院（Foundling Hospital of the Innocents）正面牆上的圓形浮雕，安德烈亞‧德拉‧羅比亞（Andrea della Robbia）製作。

　　資料來源：布里奇曼藝術圖書館。經許可轉載。

圖六　〈將孩子託付給巴黎孤兒院的母親〉，亨利・尼爾森・歐尼爾
（Henry Nelson O'Neil）繪製。

資料來源：布里奇曼藝術圖書館。經許可轉載。

在宗教改革之前,是由神職人員或是世俗工作人員遵照諭令的指導來照顧孤兒,至於一些修女院或僧侶院被迫關閉的國家中,孤兒們再次流離失所。在英國,伊麗莎白女王一世頒佈的〈窮人救濟法案〉(Poor Relief Act)明訂由國家負起照顧孤兒的責任,並且將他們安置於社區的托兒所,[28] 孤兒們在此接受照顧,直到長大到能夠安置在別處為止。愛瑪·布朗勞(Emma Brownlow)在她名為〈洗禮〉(圖七)的畫作中描繪出孤兒們接受洗禮的場景。

圖七　〈洗禮〉,愛瑪·布朗勞(Emma Brownlow)繪製。
資料來源:布里奇曼藝術圖書館。經許可轉載。

在工業革命期間孤兒人數增加，導致對他們的照顧出現變化。之所以孤兒增加，是因為大量的人口從鄉村遷移到城市；失業、貧窮和人口過多等因素，導致許多孤苦無依的孤兒流落街頭，其中也包括遭到赤貧父母趕出家門的孩子。流落街頭的孩子數量多到上流階級的士紳們想要將他們監禁起來，於是他們便被扔進了濟貧院，和窮途潦倒的、精神異常的、墮落的成年人待在一起。

十六世紀中期，本身也是孤兒的國王愛德華六世認識到需要獨立的兒童收容機構，於是在英格蘭紐蓋特（Newgate）的基督公學（Christ's Hospital）建立藍袍學校（Blue Coat School）。愛德華六世的母親在他出生十二天後過世，他被認定為亨利八世唯一的婚生子，年僅九歲便登基。[29] 也許是自己的身世，讓他敏感於別人的需要。據了解，這個學校經歷過不同階段，對孩子的管理有時和善、有時冷酷，取決於當時統治的君主在管理上的喜好而定。社會大眾對於這些孤兒的容忍態度，可由他們會借用孤兒來壯大送葬隊伍的習俗略知一二。到十八世紀後期，有些孩子之所以被送到這些孤兒院，是因為他們的父母親去了國外的殖民地，或者是基於某些原因不能把孩子留在家裡。在這個時期，「孤兒們」是由傑出教師授業，為他們未來進入大學接受教育做好準備，它不再是個「普通的孤兒學校」而已了。

所有這些都是發生在家庭變遷的背景下，正如我們所知的，非常緩慢地從封建時代的末期演變到現代。直到十七、十八世紀，家庭結構仍舊是鬆散的，而家庭氛圍，尤其是在英格蘭地區，依然是淡漠的。嬰兒照例由奶媽照顧，到了七歲的時候，兒童的穿著打扮和受到的對待都跟成人一樣，進入了成人世界。我們先前曾經提到，在「兒童期」尚未被視為是一個人生發展階段的時代中，對未成年者的疏忽和虐待是司空見慣的事；沒有父母的孩子們比起父母健在的孩子來說，處境就更糟，而且有許許多多的孩子小小年紀就成為孤兒，他們的境況更是不受他人在意。[30]

　　到了十九世紀中葉，資產階級家庭達到了時代的頂峰，中上階層的兒童得到前所未有的寵愛，也是在此時期，孤兒的境況在對比下變得更為明顯。孤兒成為小說描述的主題，也引起社會改革者的關注。

　　在倫敦，沙夫茨伯里勳爵（Lord Shaftesbury）成立了貧童免費學校聯盟（Ragged School Union），這是以奧古斯督・法藍科（August Francke）一六九五年於德國哈勒（Halle）成立的模範孤兒院來命名的。查爾斯・狄更斯（Charles Dickens）寫了幾部小說揭露了救濟院內的惡形惡狀、孤兒院院長的腐敗，以及負責照顧孩子的夫妻們的殘酷嘴臉。孤兒的身影在圖八《巴黎的孤兒》電影海報以及圖九《冰凍》書籍封面中，描

圖八　電影《巴黎的孤兒》宣傳海報，法國高蒙電影公司製作。
資料來源：布里奇曼藝術圖書館。經許可轉載。

繪歷歷。

　　隨著新大陸的開發，開始有仲介召集無家可歸的兒童，將
他們出口到位於美洲的殖民地以提供廉價勞力。各州或宗教組
織開設救濟院和孤兒院，尤其由於黃熱病、霍亂和斑疹傷寒的

圖九　童書《冰凍》（Frozen Out）的封面，梅貝爾‧露西‧阿特維爾（Mabel Lucie Attwell）繪製。

資料來源：布里奇曼藝術圖書館和梅貝爾‧露西‧阿特維爾，Lucie Attwell Ltd. 版權所有。經許可轉載。

流行，使得這些機構的需求增加。美國在內戰後由於移民人數增加，更使得救濟院和孤兒院的數量暴增三倍。[31] 在一八二五年，紐約州有兩間孤兒庇護所，到了一八六六年竟有六十間。即便如此，這些機構還是不足以照顧所有無家可歸的孩子，他們再一次地湧向城市的街道上。

　　兒童援助協會（Children's Aid Society）組織的「孤兒列

車」（Orphan Trains）[32]，將城市裡的孤兒們運送到願意接納他們的西部家庭。孤兒火車到達目的地後，迎接孩子們的是一大群申請者，這些人對他們品頭論足然後選定要誰。從一八五四年到一九二四年間，估計有十萬名兒童經由孤兒火車被送往西部。這些寄養父母中有許多人難以或根本無法容忍孩子性格上的不足之處，然而這些不足在親生父母眼中卻可能認為理所當然。事實上，這些家庭要找的比較是農事上的幫手或是傭人，而不是真心想要領養小孩，也幾乎不讓他們上學。有的寄養父母待他們相當苛刻，導致有些孤兒最後逃跑；倘若這些虐待情事被人知悉，孩子不過就是被轉移到另一個家庭去罷了。不過大部分的孤兒會一直待到可以自力更生才離開，有一些則被正式領養。

孤兒火車的孩子們遭到虐待的消息，就算會傳到政府部門那裡，也是曠日費時，但關於孤兒院管理不善的傳聞卻持續不斷地四處流傳。調查於是開始進行，以致孤兒院的主管印製文宣資料，展示穿戴整齊的兒童們圍著餐具齊全的桌子端坐著，或是在花園裡玩耍。然而實際上，即使是微不足道的違規行為也可能會導致嚴重的懲罰，因為孤兒院的院長不管自身有無意識到，似乎活在一種害怕暴動在自己掌管下發生的恐懼中。院中的工作人員多數不善於照顧這群極度渴望被愛的孩子，他們往往能力不足、採取壓制手段，否定個體性和家庭關係。[33]

　　孤兒：從榮格觀點探討孤獨與完整 ├─

當代西方文化中的孤兒

在佛洛伊德之前，如果有人對父母死亡這件事表示同情之意，那麼這份同情給予的對象會是那些要負擔起養育別人孩子的未亡親屬。至於喪親的孤兒，人們會告訴他，對於還能有得吃、有得穿和有遮風避雨的地方要心存感激。美國一則保險公司的廣告便描繪出兒童在家庭裡的地位是如何的岌岌可危（圖十）。

直到第二次世界大戰爆發之際，心理治療師才開始對失親兒童的經歷感興趣。在英國，政府要求安娜·佛洛伊德（Anna Freud）成立托兒所，照顧那些父親從軍、母親進入工作行列的嬰兒；一九四五年，她接受要求前往照顧集中營的倖存者，這些都是失去父母親、親屬、故國家園和母語的人。

「在一九四八年四月舉行的聯合國社會委員會第三次會議上，決議要針對無家可歸兒童的需求進行研究。」無家可歸者的定義是「成為孤兒或基於其他原因而與家人分離的兒童，並且需要由寄養家庭、安置機構或其他類型的團體給予照顧。」[34] 這項由英國心理發展學家約翰·鮑比（John Bowlby）於一九五〇年執行的研究，其對象僅限於本國無家可歸的兒童，因此將因戰爭或是其他災難而成為難民的兒童排除在外。他造訪了法國、荷蘭、瑞典、瑞士、英國等位於歐洲的數個國

圖十　孤兒收容所，美國保誠人壽公司廣告。
圖中兒童說：「他們說爸爸沒有續繳保費！」

資料來源：MPI／檔案照片／蓋提影像公司。經許可轉載。

　　　　　　　　孤兒：從榮格觀點探討孤獨與完整

家，還有美國。根據他對一般兒童的研究，他相信嬰兒在六個月大就會與母親產生依附關係，如果依附被打斷了，嬰兒會以哭泣表示抗議，希望能將母親召回來。如果母親沒回來，抗議就變成絕望。根據鮑比的研究，雖然孩子會繼續哭泣，但更可能的情況是不論男嬰或女嬰[35]都變得退縮，不再期望獲得關注，致使照顧他或她的成年人誤以為這個階段是嬰兒的痛苦已經減輕的徵兆。更甚者，嬰兒期對母親形成的依附類型會奠定個體在其未來一生人際關係上的情緒基調。

在個體生命的初期，照顧者的行為和孩童的行為都很重要。我們現在明白，母親和孩子之間的配合必須要「夠好」（good enough），而且必須形成對話或是關係。專研嬰幼兒發展的美國精神病學家丹尼爾・史登（Daniel Stern）指出，「所有會對依附情感、身體親密程度和安全感形成調節的事件，都是共同營造出來的經驗……它們無法在沒有他者的情況下成為已知的自我經驗（self-experience）的一部分。」[36] 人際關係的經驗不僅一開始就很重要，同時在我們一路成長、發展以及和他人遭逢的過程中也很重要。榮格於一九三四年三月在一場研討會上這麼說道：

　　我在這方面告訴過你們，我們不可能把自己的整個心理都涵容起來，總有一部份無可避免地會被投射出去。這就是為

什麼我們需要別人、為什麼我們需要客體的原因；如果完全脫離，生命就毫無意義可言，唯有在社群中或是在人際關係中我們才得以完整。在珠穆朗瑪峰頂上你可以肯定沒有人會打擾你，但你在那裡不可能達成個體化的狀態。個體化永遠意味著一種關係。當然，有一份關係並不代表你就能個體化了，因為關係也可以肢解你；如果你不堅持住自己，你可能會分裂成許多部分，消解了。但是，由於人際關係迫使你堅持住自己，因此它甚至是個體化歷程的煽動者。所以說集體性是最糟糕的毒藥，你可能會在其中失去了自己；但是如果你既能夠堅持住自己，同時又能和集體性保持聯繫，這就是最理想的狀態了。[37]

目前，關於依附和早期發展的研究有很多[38]，重點在於，母親（父母）對嬰兒的同理關係若有任何不足，都可能導致孤兒情結的產生。[39]蘇黎世榮格學院督導分析師傑可比（Mario Jacoby）接著說，實現孩子任何期望的寵溺態度，也有害於因應孩子的狀況及需求。重要的是，在不受父母自身對孩子的期望（這可能是無意識的）所干擾的情況下，能以同理心去配合孩子的需求。通常在有行為表現之前，人們不會意識到這一點，一般會由直系家庭成員以外的人提醒父母注意。這部分將在第三章〈心理上的孤兒〉中進一步討論。

孤兒：從榮格觀點探討孤獨與完整

當代東方文化中的孤兒

在中國，與一九九〇年代記載的早期觀點相比，孤兒院不再被視為用來丟棄不想要的兒童[40]的場所。[41]在那段時間裡，那些虛弱和缺乏反應的孩子不會受到良好的照顧，基本上就是在等死而已，就如一九九五年的英國電視紀錄片《等死室》中所揭露的那樣。[42]不論是當時或是現在，大部分的孤兒（通常是棄嬰）都是女孩。不過墮胎是當前的趨勢，隨著科技進步到能夠確認子宮內胎兒的性別，更是日漸增加。傳統上東方文化中的男性要傳宗接代，經濟上要供養年老的父母；女孩則是要出嫁，並對夫家盡責。值得注意的是，在中國，男孩和女孩的性別失衡比例顯著較高，為一一九位男孩比一〇〇位女孩人；印度則是一一五位男孩比一〇〇位女孩（美國男、女孩的出生比例是一〇五比一〇〇），而且並不清楚消失的女嬰到哪裡去了。我記得在一九八四年訪問中國時，看到廣告牌宣導一胎化的政策，那時正逢當局雷厲風行這項一九七九年所訂定的規定。現在的中國，特別是在農村地區，已允許百姓再生第二胎，但是據哈佛大學埃本斯坦（Ebenstein）的資料，偏好男孩勝於女孩急遽拉大男女嬰的比率，至少七成的失衡肇因於此。[43]據報導，這個數字在一九九〇年代大約是一千五百萬名女孩的落差。[44]孩子們在孤兒院中所遇到的情緒難題與西方文化中

的孤兒是相似的。儘管如此，在中國數百間由政府建置的孤兒院，其生活條件大多仍無從得知。[45]

印度沒有一胎化政策，但由於文化方面的因素，特別是因為女孩被看作是賠錢貨，第二胎和第三胎以生男孩居多。這種做法會產生的必然後果，就是男性沒有足夠女性適婚對象能和其進入婚姻，因此男性必須從其他國家尋找配偶。[46]

在美國，讓孩童和父母一起住在家裡而非孤兒院的呼聲，持續受到重視，而無家可歸者或問題少年則被安置在寄養家庭。開發中國家仍然有孤兒院，由於之前鮑比所描述的困境，這些孩子往往有情緒上的創傷，導致他們在新的國家的新家庭裡產生適應障礙。從其他國家領養孩子的夫妻，便冒著得到一個情緒上有重大問題的孩子的風險。隨之而來的，就是準備領養孩子的父母親開始聘僱專家，由他們在領養前協助評估養育一個特殊孩子的風險。我們不再處於認為愛可以治癒一切的時代了。而且，至少在美國，大家庭的支持已大幅度地減少。下面的故事能讓我們一瞥在當代西方文化中的孤兒樣貌。

美國孤兒的故事

當我們追隨自身的天命時，宇宙必然會提供機會來回應。下面的訪談資料來自於朋友所介紹的受訪者，朋友知道我對孤

兒議題有興趣，便介紹他的一位同事讓我認識。受訪者告訴我他是在孤兒的狀態下長大。他的故事雖然悲戚，卻不是少見的例子。

我稱呼這位中年男子為亞當，他那罹患有思覺失調症的母親未婚產下了他；生父沒有住在一起，他還想要讓孩子母親將小孩拿掉。父母兩人都被社工人員判定為「不適任父母」，於是亞當在四歲的時候被安置到寄養家庭。他的生父生母對他有過肢體虐待。亞當說，由於受虐的經驗，他有一些「痛處」，意思是指他在和他人的關係中一直感到有種容易被人傷害的感覺。不過，他學著去因應調適，現在有一分全職工作，並且指導和他一起工作的大學青年。

他回憶道，當他大約七、八歲的時候，有一群男孩打算要痛揍他一頓，情急之下，亞當決定針對其中一位男孩看看是否能逗他發笑，結果竟然成功了，而且令他訝異的是，其他人也不再找他麻煩了。因為能夠善用幽默感，他了解到，如果人們心情很好，就不會傷害他。但是，有時候他在人際關係中不適合開玩笑的情況下過度使用幽默感，即時面對家庭關係時也是如此。他透露，幽默感成了他的保護之道，又說：「真正的我是脆弱的、害怕的。」

雖然他完全不記得小時候與親生父母一起生活的經驗，但他不時幻想著有家的好處與壞處。從他的角度來看，不管怎

樣，有個家其實不算是件好事，因為在他的經驗中大人是施虐者、不堅定，而且不尊重孩子。這個例子正顯示出，兒童以往被撫養長大的方式所留下的痕跡，如何回來作祟，如果父母親缺乏同理孩子的能力，就更是如此。亞當在十幾歲的時候住到孤兒院裡，他在那裡學會說各式南腔北調、學會如何打贏架，以及如何和不同種族的人互動。接下來他去到了一間收容中心，在那裡他知道自己絕不會離開去尋找新的家庭和朋友；他瞭解到，那就像從已知踏向可能更悲慘的未知一樣。為了自己，他學會「按照規矩行事」，因為那樣「你就能避開陷阱」。

　　他開始進入職場之後，會告訴聘僱他的人「請付給我值得的薪水」。他努力工作，從中找到了歸屬感。他說：「我屬於工人這一部族。」而且因為他與家庭沒有聯繫，這就成了他的家。真理和誠實的價值對他來說十分重要，儘管他小時候曾和親生父親有過一次接觸經驗，那時父親來探視他的同時想要教他行竊。不過亞當並沒有成為竊賊，因為他的人際互動經驗教導他要自我控制以及如何與他人相處。想要有歸屬感的需求遠遠勝過擁有物質商品的短暫收穫。因著這樣的經歷，他覺得現在自己在任何情況下都可以生存。這就是孤兒的苦澀處境，他必須依靠自己隨機應變的能力以求生存。

　　亞當的工作職責類似工頭的角色，他將那些為他工作的弱

勢青年看待成「被折彎的樹」，他說有些人「你就是沒法將他拉直」。但是他相信，如果他們能夠在自己的內心奮戰，那麼他們就有挺直的一天。

　　對於他自己，他領悟到「有『一個你』是你展現給世人看的，然後有『一個你』是你真正的樣子，而當你變成一個只求存活的人時，那不會是你真正的樣子。」亞當已經結婚生子，他告訴我：「我有一個家庭，但我一無所有。」這句話描述了他所感受到的孤獨。但是他很早以前就不得不阻斷自己觸及自己的真實情感，因為「我不想看到我內在的惡魔」。這是某些孤兒揮之不去的恐懼──那些孤獨、絕望和不安全感，尤其是身旁無一人能與之分享這些經驗的時候。

原註 1　C. Dickens, *Oliver Twist*, p.1.

原註 2　https://en.wikipedia.org/wiki/Janusz_Korczak

原註 3　Oakes, *The Stone Speaks*.

原註 4　Brown, Driver & Briggs, *Hebrew and English Lexicon of the Old Testament*, p. 450.

原註 5　J. Hastings, *A Dictionary of the Bible, Vol. 3*, p. 634.

原註 6　*Interpreter's Dictionary of the Bible, Vol. 2*, pp. 245-6.

原註 7　R. E. Allen, *The Concise Oxford Dictionary of Current English*, p. 838.

原註 8　E. F. Edinger, *Ego and Archetype*.

原註 9　*A Comprehensive Etymological Dictionary of the English Language, Unabridged, One-Volume Edition*, p. 827.

原註 10　Jung, *MDR*, pp. 327-328.

原註 11　T. Abt, *Introduction to Picture Interpretation: According to C. G. Jung*.

原註 12　W. Awdry, *Thomas, the Tank Engine*.

原註 13　*Dictionary of Symbols and Imagery*.

原註 14　A. F. Punnett, *Journal of Sandplay Therapy*, 18, 1, pp. 27-45.

原註 15　M-L. von Franz, *Interpretation of Fairy Tales*, p. viii.

原註 16　O. Rank, *In Quest of the Hero*.

原註 17　Klaus & Kennell, *Parent-Infant Bonding*.

原註 18　E. F. Edinger, *The Bible and the Psyche: Individuation Symbolism in the Old Testament*, p. 45.

原註 19　Edinger, *The Bible and the Psyche*, pp. 45-46.

原註 20　榮格。紅書。

原註 21　Rank, *In Quest of the Hero*, pp. 34-35.

原註 22　Rank, *In Quest of the Hero*.

原註 23　Edinger, *The Bible and the Psyche*, p36.

原註 24　J. L. Henderson, *Cultural Attitudes in Psychological Perspective*.

原註 25　Singer & Kimbles, *The Cultural Complex: Contemporary Jungian Perspectives on Psyche and Society*.

原註 26　L. deMause, *The History of Childhood*.

原註 27　E. Simpson, *Orphans: Real and Imaginary*.

原註 28　Simpson, *Orphans*.

原註 29　*The New Encyclopedia Britannica*, p. 378.

原註 30　Simpson, *Orphans*.

原註 31　Simpson, *Orphans*.

原註 32　Magnuson & Petrie, *Orphan Train*.

原註 33　Simpson, *Orphans*.

原註 34　J. Bowlby, *Child Care and the Growth of Love*, p. 7.

原註 35　此處的用語是希望涵蓋不同性別。不過在某些地方我會基於閱讀順暢起見，不再一味採行「他或她」這種用語。

原註 36　D. N. Stern, *The Interpersonal World of the Infant*, p. 102.

原註 37　C. Douglas, *Visions: Notes of the Seminar Given in 1930-1934 by C.G. Jung*, p. 1367.

原註 38　see: Ainsworth, 1967; Ainsworth, Blehar, Waters & Wall, 1978; Bowlby, 1960, 1965, 1980, 1982; Emde, 1983, 1988; Holmes, 1993; Karen, 1998; Klaus & Kennell, 1982; Lichtenberg, 1989; Shore, 1994, 1996, 1997a, 1997b, 2003; Srouf, 1989; Stern, 1985, 1995; Trevarthen, 1993; Wright, 1991; Zeanah & Boris, 2000.

原註 39　Mario Jacoby, Personal communication, June 2, 2011.

原註 40　N. Chun, *Newsweek*.

原註 41　T. Hilditch, *South China Morning Post*; A. F. Thurston, *The Atlantic Monthly*.

原註 42　Chun, *Newsweek*.

原註 43　J. Hsu, *Scientific American*.

原註 44　Hilditch, *South China Morning Post*.

原註 45　Chun, *Newsweek*.

原註 46　Hsu, *Scientific American*.

心理上的孤兒

　　神聖片刻，展現在事物越漸明晰、超越對立與苦
痛之時。

——瑪麗-路薏絲 · 馮 · 法蘭茲 [1]

前面已經描述了文學上及歷史上的孤兒，但有些人，即使身邊仍有家人，仍有朋友、同事，但卻感受到自己猶如孤兒一般，這是怎麼回事？引人關注的是，在當代文化浪潮下，人們的孤兒感受似乎更加彰顯。這似乎是對物質世界的一種平衡作用；我們在其中的確可以擁有一切，但要付出何等的代價啊。我們可以擁有一些彷彿將孤獨感阻擋在外的事物，但是這種物質和情感上的需求常常難以止歇。我們置身的西方社會此時也處在一個極其繁忙的時代，以致人際交流的時間日益稀少。

　　就在上個世紀末前，在瑞士的銀行櫃檯使用金融服務，開始要收取服務費。這是為了要鼓勵人們使用自動化技術，一種耗費較少人力的系統，許多人基於便利起見都藉此進行自己與銀行的往來業務。我們也轉而偏向透過網路的虛擬關係，甚至不少人未曾實際見過對方卻建立起了「關係」。這些科技上的進步會引發與世隔絕的感受，這或許便是為何我們會蒐羅這些電子設備來獲取與他人連結的假象，而這樣接著卻會引發孤兒情結，於是這些科技的進展衍生出了成為孤兒的感受。

　　那些覺得自己成為孤兒的人，或許在早年發展上有所欠缺；然而這種感受與原型的領域有關，要先具備某些條件才會發生。原型的經驗是與生俱來的，而且是人類心靈結構中的一部分。「原型是經驗所形成的情結（complexes of experiences），以猶如命中注定的姿態降臨在我們身上，由我

們最私密的領域感受其作用力。」[2]

馮·法蘭茲將集體無意識描述為一個場域（field），而「其中受到激發的點……就被稱為原型」[3]，諸多原型間的關係網絡產生了顯現出意義的連結。孤兒並沒有與這一個原型關係場域連結起來。然而，當一個人連結到這些關係網絡時，有孤兒情結的人就不會再感到如此孤單。

原型有可能被觸發，而且是在出生前就被建置了。榮格提到，「在童年早期，個人特質就存在了。你可以看到孩童生下來時不是如同人們所以為的像一張白紙那樣。孩童一出生，就已具有高度的複雜性，帶著已經存在的決定因子，終其一生都不會予以丟棄，……」[4]，榮格繼續提到，當孩童有精神官能症時，他會去了解父母的狀況，因為孩童完全籠罩在父母的心理氛圍下。由於孩子置身於與雙親的神祕參與（participation mystique）中，自會以孩子的方式表現出所受到的影響。

依附關係的歷史脈絡以及近來的神經生物學研究[5]顯示，互動模式在很早期就透過和主要照顧者的關係而建立起來。這些模式是以社會互動的前象徵架構（pre-symbolic organization）為基礎，此處所稱的架構，指的是一些還算固定的模式，或是對訊息加以分類的方式。[6]好消息是，在人的一生中，自我組織（self-organization）透過互動場域而擁有持續發展的空間，這突顯出榮格對於關係的重要性的主張，一個有彈性的互動關

係，才能確保改變會隨著時間發生。

在這份研究之前，鮑比的研究結果幫我們定義了依附關係。鮑比認為，孩童跟母親的連結「……最好將之設想成一種本能反應的系統，性質上大部分屬於非口語，是人類遺傳行為的一部分；受到激發時如果母親角色就在可觸及之處，依附行為就發生了。」[7] 這些模式是可以得到驗證的，譬如，嬰兒哭泣或微笑，會引發母親回應；嬰兒會吸吮、追隨和攀附，這些主動的尋求行為維繫了與照顧者的接觸和親近。利希滕貝格（Lichtenberg）改換一個說法，將模式設想成是「……組成一個與生俱來的、預先編碼好的誘導系統」。[8] 他將這些模式視為嬰兒與母親的誘導系統受到激發時的表現，而在母嬰身上，依附是一種互相調節的經驗，自然而然便會產生。然而，如同緬恩、卡普蘭和凱西迪（Main, Kaplan and Cassidy）[9] 所提出的，對他人的期待會形成一套意識與無意識的規則，指引著我們對於經驗與行為的評價。不過，事情的全貌並非僅只如此，因為原型可以自發地出現。

依附研究的重要性在於強調一個人生命中的經驗，以及這些經驗如何助長特定的情結，還有想當然爾的，如何困擾一個人。馬力歐・傑可比在他《榮格心理治療與當代嬰兒研究》（*Jungian Psychotherapy and Contemporary Infant Research*）一書中，提到原型是「……人類特有的最基本配置，用來規劃與

調節人類的行為和經驗。」[10] 當然，這些原型配置會和環境、嬰兒氣質還有照顧者的反應互相交織，由此我們可以找到許多情結的源頭。不論嬰孩是經驗到「夠好的」的撫育，還是遭受拋棄，這些經驗都將在無意識中構成基礎，感情類型的情結（feeling-toned complexes）便由此產生。

情結在與世界的對抗中受到激發。嬰兒時期會發展出一套經驗，史登將之形容為「一個根據典型經驗，可以指出事件可能之發展過程的架構」[11]。根據傑可比的說法，這些「已經被一般化的互動表徵（representations of interactions）」是關於與重要他人互動的幻想和期待。這些互動的模式與情結緊密結合，其結果可以是正向的，例如建立一種強烈的自我情結；也可以是負向的，例如擾亂我們的幸福感，並且「也會干擾我們與他人建立連結，並以我們想要的方式去進行的能力。」[12]

此外，榮格認為可能會有來自集體無意識的自主情結（autonomous complexes）。[13] 我們經常試圖從外部因素的角度來為這些問題辯解，但這可能還不夠，因為問題的根源也可能存在於我們的心靈。榮格提到 [14]

……這些經歷有可能發生在個人發生破壞性極其強大的事情，致使他原先對生命的整個態度瓦解，或者由於某種原因，集體無意識的內容積累的能量極多，以至於它們開始影響意識

的心智。

　　無論觸及什麼情結，我們陷入困境時，就得找到出路。波蒂亞・尼爾森（Portia Nelson）[15] 在她的詩作《我的人行道上有一個坑》（*There's a Hole in My Sidewalk*）中描述了這樣的狀態。

人生五章

第一章
我順著街道行走。
在人行道上有一個很深的坑
我掉了進去。
我迷失了……我很無助。
這不是我的錯。
這得花很長的時間才得以脫困。

第二章
我順著同一條街道行走。
在人行道上有一個很深的坑。
我彷彿沒有看到它。

我又再次掉了進去。

我不敢相信我竟然身處同樣的境地。

但，這不是我的錯。

這還是得花一段時間才得以逃脫。

第三章

我順著同一條街道行走。

在人行道上有一個很深的坑。

我看見深坑就在那裡，

我還是掉了進去……這是一種習慣……但是，

我的眼睛是張開的。

我知道我在哪裡。

這是**我的**錯。

我立刻就爬了出來。

第四章

我順著同一條街道行走。

在人行道上有一個很深的坑。

我繞了過去。

第五章

我走上另一條街道。

這說來容易做來難啊！這首詩的重點，在於希望我們隨著多年的經歷能夠獲得某些覺知，好讓我們不再繼續犯下同樣的錯誤。其中的挑戰在於，擴展意識層面需要耐心，而且這當然是一種終生持續的過程，沒有多少簡單的公式可以套用。

個體化之路

一九五〇年榮格出版了論述自性現象的著作《基督教時代》（*Aion*）。他在此書試圖闡釋，過去兩千年間的基督教時期中人類心靈狀態的變遷。那些內容來自他自身的經驗，以及與病患工作的經驗。榮格憂慮的是，人們正陷入一種易受暗示的狀態，他覺得這「……造成了我們這個時代烏托邦式的大眾心理。」[16] 由此看來，人們似乎自己並不思考，也就是欠缺獨立反思，只是盲目從眾。

在《基督教時代》的前幾章中，榮格定義並充分闡明了許多概念，譬如：自我、陰影（shadow）、阿尼瑪（anima）／阿尼姆斯（animus）以及自性。理解這些概念，對於人邁向整全、找到自己獨特方式的旅程而言，非常重要。

自我

榮格將自我形容為：

我們將自我理解為情結的因子，所有意識內容都與其有
關。它之所以形成，是因為它位處意識場域的核心；而且，就
其構成了基於經驗的人格而言，自我是所有個人意識行為的主
體。[17]

為了察覺事物，人們必須具備意識，而自我位於意識的
核心，也就是說，所有的意識都必須經過自我，任何事物才能
被理解，甚至存在。人之所以存在代表具有意識，這個概念榮
格早在十一歲左右就想通了。他在自傳《回憶‧夢‧省思》中
提到，它像是從密雲中浮現出來一樣，事情不再僅僅是發生在
他的身上，現在是他自己發生在自己身上；「……現在我存在
了！」[18] 當時，榮格中午從學校出來，走到大教堂廣場上，學
童通常都是在此時回家午餐，這時他看到了一個異象。正當他
欣賞大教堂，想著教堂有多美麗以及神如何做到這一點時，他
心中突然冒出一個應該受到譴責的想法，讓他困擾了好幾天，
試圖忘了它。他的母親注意到了，問他在學校是否發生了什
麼事情，但他否認。最後他鼓起勇氣，讓那個想法自己表露出

來。

　　我看到大教堂在我面前，襯著晴朗的藍天。上帝坐在祂的
黃金寶座上，高高位於世界上方——然後從寶座下面，一坨巨
大的糞便掉落在閃閃發光的新屋頂上，砸碎它，並將大教堂的
牆壁砸得支離破碎。[19]

　　榮格沒有與任何人分享這個祕密，他經歷了一種「難以
忍受的孤獨」，猜想著其他人是否有類似的經歷。他的母親後
來告訴他，在那些日子裡，她認為他很沮喪，但他認為自己
比較是在苦苦思索著那個祕密。榮格推論出萬事萬物皆來自
於上帝，是因著祂的旨意，思想才得以進入到我們的察覺之
中，因此，它是「療癒一切並使一切得以被理解的神奇恩典」
[20]。於是他開始了解到，在他活著的當下還有一個「他者」
（Other）存在於他之中，那就是「亙古永存的石頭」[21]。這類
經驗可能會在我們的童年中出現，就像榮格那樣；有時候，會
有一樁通常是痛苦的特殊事件，啟迪我們重新檢視自己是誰。

　　莎莉的情況就是如此，她的狀況在於難以與伴侶進行性
關係。她對此感到很驚訝，格外希望有人能夠協助她克服。她
進行過身體檢查，但沒有發現任何醫學上的原因造成她性慾
低落。歷經一番討論後，她發現到自己對於要和未婚夫結婚這

件事，其實心裡是相當矛盾的，她希望能有機會過過獨自生活的日子，這是她未曾有過的經驗。雖然未婚夫看起來是完美的伴侶，但她內心的某樣東西還沒準備好做出承諾，而她的症狀便是一種隱喻，述說著她無法在親密的層次上與未婚夫產生連結。在她心中更深層的部分，阿尼姆斯或母親或孤兒情結，都還沒準備好做出承諾。當然，她現在得面對著一個兩難情境。她是否要冒著可能失去關係的風險，告訴他這一點？他會理解嗎？她要如何在自由自在地做自己的同時，仍然與他保有關係？她能冒險去做真正的自己嗎？這些問題難以決斷，也讓靈魂飽受折磨。

陰影

榮格將陰影定義為「人格的陰暗面，總和所有我們喜歡隱藏起來的令人不悅的性質，再加上那些發展不良的功能」。[22] 陰影以投射的方式展現，將所有我們否認擁有的特質放到另一個人身上，像是認為他人「太胖」、「懶惰」、「固執」等。我們正是必須審視這些特質，並且質疑那是否可能是自己的一部分？如果是，我們又該怎樣去撤回投射，並且如何對這位被我投射了這種想法的人給予更真實的描述？

這種情況常見於夫妻關係，一方會談論另一方不足之處，

尤其在伴侶治療時，總認為是另一個人需要被改變！我記得有一對夫婦，是妻子提議要做治療，她說丈夫滿腦子都是工作，沒有辦法參與有趣的家庭活動或是度假。但實際上，丈夫不只努力地經營企業，更在妻子工作時，協助接送孩子上學及參加所有的課外活動。她對丈夫所做的事毫無感激，只注意他沒有做到的。原來自從他們最後一個孩子出生以來，她就漸漸無力對家庭付出，那個孩子其實她本來不想要，所以這是她逃避並責備先生的方式。這樣做使得他們難以實行真正的關係，也就是共同撫養子女，直到各自終於更加覺察到自己對對方抱持的憤怒和懲罰心態。只有當她意識到這樣的動力並撤回自己的投射，夫妻關係才有可能改善。

　　陰影的重點在於使我們更加意識到這些特質，而這通常是分析的第一步驟。要覺知到這些特質不僅屬於他人也屬於自己，就必須覺察這些特性是如何存在於自身之中，唯有如此，才能更真誠地活著。

阿尼瑪／阿尼姆斯

　　如果我們將心靈世界想像成階層的狀態，自我便位於意識最清晰的層次，然後漸次往下，先是陰影，然後是阿尼瑪／阿尼姆斯。榮格用朔望（syzygy）這個詞來討論這個概念，也就

是連結起心靈的對立兩極，陰和陽。阿尼瑪是男性心靈的陰性部分，阿尼姆斯則是女性心靈的陽性部分。阿尼瑪／阿尼姆斯是作為和心靈深層的自性相連結的橋樑。榮格說，阿尼瑪／阿尼姆斯是由三個因素所組成的：個人的異性特質，與異性相處的個人生活經歷，以及與生俱來的原型意象。[23] 在此，就男性而言，與母親和姐妹的相處經驗，或是女人與父親和兄弟的相處經驗，以及男女雙方跟愛侶的相處經驗，都非常重要。這些當然與原型緊密相扣，而原型會成為靈感的泉源，或是化身為命運或是天命。每一個原型都有正反兩面，因此人雖然會遭逢苦痛，但是歷經苦難考驗，我們會淬煉成金，發現良善，獲得新覺察。孤兒原型也可以這樣看待。

一個我認識的女人非常孤單，結婚好幾次，每次都因丈夫離開她而告終。她愛這些男人，卻一再遭受背叛與拋棄。這是被具體執行出來的命運，在這個案例中是從她的父親開始的，他無法珍視這女兒獨特的才能，只是一昧地要她嫁給醫生，而不是讓女兒發揮本事自己成為醫生。她謹遵父命，而父親的用意也只是希望女兒嫁給醫生才能獲得最好的歸宿，但是這樣的歸宿永遠有缺憾，因為她的真實本性受到否定。此外，父親似乎隱隱然希望女兒永遠隨侍在側。她感到如此孤單，於是孤兒原型在她內在被激發出來，化身為她的命運。這股被拋棄之感固然難受，卻是她發掘自己本性和潛能的契機。她屢屢被迫只

能依靠自己，以便去發現屬於她的、獨一無二的生命意義。這就是為什麼我們會不斷地面臨相同挑戰，直到我們可以意識到它們的意義為止。

對於與阿尼瑪／阿尼姆斯結合，有幾種可能。第一種是，一個人戀愛了，並且找到了靈魂伴侶，但可以預見，這不可能永遠持續下去。另一種則是，對伴侶的投射被撤回了，然後可能投射到另外一個人身上，就成了外遇之類的狀況，但這會造成伴侶的痛苦和遺棄，往往還會產生憤怒。還有一種可能則是，對伴侶的投射被撤回了，並且領悟到兩人都背負著這些被撤回的投射，從而能夠發現並且有能力清醒地相愛。這樣的伴侶可以愛對方真實的模樣，同時也在內心發展和維護與內在阿尼瑪／阿尼姆斯的關係。愛情中困難的部分，在於接受對方原本的模樣，而不是為了對方是我們想要的樣子，並且理解對方，而這需要彼此都尊重對方自己獨特的方式。

凱西是一位三十九歲的婦女，結婚大約十年了，對夫妻關係大致上並不滿意。她丈夫對於家計不太負責任，於是她發現自己不斷嘮叨而且成了他的指揮官。他們決定分居，但他依然是個好父親，而且會陪伴著妻子。然而，她仍然抱怨說，他應該更負責些，應該要主動提出進行婚姻諮詢，以表明他對她的愛和承諾。他在與妻子的關係中繼續保持被動，因為他內心渴求早年失去的母親；他想要獲得照顧。她則害怕更親密的

關係，覺得終將發生拒絕和拋棄，因為她從父親身上便經歷過這種情況。但是，這些心中的期待只會讓現況持續下去。她不願意撤回自己的投射，無法與他更加親密，因為她擔心他不會有回應而讓自己失望。先生則震懾於她的能力，致使他毫無置喙的餘地。因為兩人都不願撤回自己的投射，關係難以有所改變，雙方都停滯不前。不論他們決定要或不要在一起，兩人都害怕展現承諾，害怕探索親密關係的可能性。

對親密關係的恐懼並非空穴來風，因為那就像自己赤身裸體去面對某個人，正如克萊麗莎·平蔻拉·埃思戴絲（Clarissa Pinkola Estés）所說，為了活得淋漓盡致，「……一個人必須起而對抗自己最害怕的那個東西。」[24] 她把它比擬為與死亡女神同眠共枕，因為在愛情中，人得有勇氣去忍受許許多多的開始和結束，並且擁有一顆「願意死去再重生、再死去再重生，一直持續反覆下去的心」[25]。因此，深刻的愛需要以自我的死亡來成就；讓一個人對自己的一切認定盡皆死去，從而在對方面前赤裸地呈現情感。

身為科學家，榮格強調自身經驗的重要，因為我們在世上的遭逢無非就是經驗，而療癒便在其中萌生，不論其根源為何。為了療癒，我們必須以經驗為師，並從處境中學會我們必須學的東西。

自性

自性，在意識最深層之處，是個相當複雜的詞彙，只能試著從不同角度來理解。[26] 在他最後一些著作的一篇文章中，榮格建議把完整人格稱為自性。[27] 在此之前，榮格描述自性如下：「自性並不只是中心，也是整個心靈的周遭，涵括了意識與無意識；它是這個整體的中心，就如同自我是意識的中心那樣。」[28] 這可能令人混淆，因為人們必須區分自我與自性。也就是說，自我是在意識層面，是我們在主觀上所知道的部分，而且是從自性中誕生出來的。自性，則是從客觀上去知道的部分；自性不只涵括了已經被經驗的，也涵括了尚未經驗到的。[29]

在夢、神話和童話中，我們都會看到自性的展現，自性在其中以「非凡的人格」呈現，用榮格的話來說，則是「超座標人格」（supraordinate personality）。[30] 在自我的發展過程中，我們知道自我是從自性中誕生的，也就是說，隨著成長我們的覺知會擴展，學習社會規範，學習適切行事。然而，將自我等同於自性是危險的，我們得注意兩者不同之處。榮格用二元性來說明這點，對他而言，當他意識到自己內部的一號人格和二號人格時，這一點就顯而易見了。[31] 理論上，理想的狀況是當自我與自性不再彼此認同，得以區辨之時，我們就可以從心靈核心出發，更有意識地、更加覺察地且更真誠地行動。

這些概念的重要性形塑了這本書的主旨,意即,當一個人認同了某種原型,此處便是指孤兒,那麼這個人就會將孤兒當成彷彿是唯一的真理,藉以行事並建構其世界。在人生後半段,我們有可能會明白其實自己不再需要與這樣的原型或任何原型緊密綁在一起。原型可能已在內心陪伴我們一段時間了,但我們不再需要認同它。然而,自我,不論這個認同是正面還是負面,都會持續下去,直到有一天自我發展出一些意識,才能夠放棄控制,與自性合作。

這樣的改變伴隨著一份象徵的禮物而來,這份禮物來自無意識,以完滿的意象呈現出來。根據榮格的說法[32],「雖然完滿乍看之下似乎只不過是個抽象的概念,但當它以自發或自主的象徵形式出現在心靈裡時,它仍然是可以經驗到的。」象徵的真實意義,或多或少「……是針對所有的人……因而引領個人走出孤立。」[33] 在《榮格全集》的德語版中,這段文字中使用了 vereinzelung 這個詞,它在英文版中被譯為孤立。然而,其德語意思不限於此,不只是要走出孤立,更是要克服或是超越像孤兒般的分離存在狀態。[34] 我們該如何想像這樣的旅程呢?

孤兒的煉金術

　　榮格談到先民認為萬物皆有靈，萬事萬物皆與超個人力量隱密結合。這些先民們，像個孩子般生活在天人合一的世界裡，所以人並不孤單，對榮格而言，內在和外在生活各有其意義，而且是超個人形式和力量的展現。[35] 對於一個與自性連結的人來說，「偶然」並不存在；所有發生的一切都有其意義，而且都有神靈的意涵，於是同樣地，人並不孤單。

　　因此，在心理發展的早期階段，「神」這個最崇高的價值，是隱藏在對外在世界的認同或投射中。我們傾向於認為一切都是源於我們自己的想法。「神是隱匿的」這個想法，和諾斯底教神話中的索菲亞（Sophia）相互呼應，「索菲亞」的拉丁文 sapientia 是神聖（女性）智慧的意思。在創作過程中，索菲亞迷失了自己，將自己困在物質之中成為隱藏的（女）神，因此需要被釋放和救贖。這個意象呈現出最崇高的價值藏匿在物質認同中，而物質是一種有別於心智和神靈的實體。因此，索菲亞或智慧需要通過煉金的過程釋放出來，這是一道將平凡無奇的材質製成珍寶的歷程，隱喻著發展意識這項課題。

　　救贖神的主題是煉金術的基礎，在煉金術士的象徵語言中，孤兒這個意象代表的是將哲人之石（Lapis Philosophorum）熔解，也就是死去，好讓神從死去的東西中浮升出來。[36] 其

間的連結在於孤兒是一種意象，意味著神奇的「石頭」融化、消解，好讓鉛轉變成為黃金。石頭是由原始素材（materia prima）通過複雜的程序產出，這些步驟理當會把卑金屬轉化為貴金屬，所以能恢復青春與帶來療癒。在這些程序中，對立原則的分離與重新結合，尤其是陽性和陰性，扮演著重要的角色，這就是為什麼哲人之石也經常被描繪成雌雄同體（Hermaphrodite）的原因。[37]（見圖十一）。

此外，將材料投入煉金的過程，意味著要將意識之力和專注投入在這歷程中。目標是要自由地連接自性，不受自我的限制。所有想要理解哲人石意義的重要努力，被許多更高階的煉金術士如多恩（Dorn）或昆哈特（Khunrat）詮釋為象徵式的作為，這些可見的作為是由心理與宗教因素所驅動的轉化過程的附隨物。也就是說，藉由某種死亡，原本無形無狀的原始素材會分解成原本的組成元素，然後在更高的層次上復活——到達一個意識更為擴增的層次。榮格[38] 將這些作為解釋為與個體化歷程有關；一趟個人走向完滿的旅程。

他們希望透過「千倍蒸餾」能獲得特別「精煉」的成果……這不是一般的化學操作，它在本質上是心理運作的過程。火用來代表象徵性的火焰，而且蒸餾的工作必須「從核心」（ex medio centri）開始進行。

圖十一　以雌雄同體形式呈現的子嗣（filius）或國王（rex）。

資料來源：Jung, 1942, p. 152 B2。

　　榮格談到基督教態度與煉金術態度的差異，所謂基督教的態度是指人類被動地透過信心來獲得救贖，但煉金術態度卻是人類積極努力將神救贖出來。

　　在基督教的觀念中，「……人將救贖的需求歸給自己，並將救贖的工作，就是實際的 ἆθλον 或 opus，留給自主的神聖人物。」[39] 在煉金術的觀念裡，「人類將實踐救贖的 opus 自己

承擔起來，並將受苦因而需要救贖的狀態，賦予囚困於物質中的靈魂世界（anima mundi）。」[40]

當一個人明白自我與自性之間有所連結的事實，個體化歷程便有可能展開。居於中心的不再是自我，自我和自性之間的連結才是最重要的事；只要自我依舊以為心靈中的一切都是由它創造出來的，那麼個體化的對話就不可能進行。[41] 以煉金術的方式來說的話，與自性聯繫在一起，能讓新事物得以發展，這是一種前所未有的創造力，是全新的光景。這同樣可應用在孤兒上，因為當一個人獨自一人時，就是發展其獨特性的機會。當我們用象徵的方式談論孤兒，孑然一身而孤獨的孤兒擁有踏上個體化之路的潛能，朝向成為一個獨一無二的個體前進。

十牛圖

在佛教傳統中，有個寓言描述尋道之旅的意義。《十牛圖》是禪宗的寓言，最早出現在宋代（九六〇——二七九）禪師廓庵師遠所畫的文本。[42] 傳統佛教起源於印度，從悉達多的生活方式和教導發展而來。

整個內容在榮格取向分析師史匹格曼（J. Marvin Spiegelman）和目幸默僊（Miyuki, Mokusen）合著的《佛教和

榮格心理學》（*Buddhism and Jungian Psychology*）中有詳細描述，這個故事影射著個體化之旅。東方傳統強調冥想和不著相，而西方傳統則強調想像力和分辨是非。然而，這兩種傳統都能達至「清明、寧靜、喜悅、無我……」。[43] 要謹記在心的是，只要人活在一個終將腐朽的軀體中，就會一次又一次地經歷失去和找到牛（個人的道）的歷程。

十牛圖故事背後傳達的概念，可以和早期佛經中將佛教僧侶的責任比擬為牧牛的說法加以對照。[44] 這故事很可能是源自於中國，因為牛這個意象在中國有宗教意義，象徵著豐饒，與農業有關，以及免於洪水和自然災害。[45] 和田（Stephanie Wada）提到，在道家哲學中，牛和牧童代表了大自然季節的律動，是一種女性的象徵，雖然在故事中沒有任何女性人物出現。其意義不在於是否描繪出男性或女性人物，而是陽性和陰性特質的存在。這突顯了原型式對立（archetypal opposites）的發展和分化，而不僅僅只是自我的發展。所以，「……需要去教化和區辨，還有去贖回和復原我們的本質及本能中的原貌。」[46]

在一系列十張圖片中，頌文描繪了求道者邁向啟蒙的進展。在西方，我們也可以把它看作是一個個體化的歷程。故事從牧童與他的牛走散開始，然後開始尋牛。最初，他被錯綜複雜的山路所迷惑；他遠離家鄉，筋疲力竭，被懷疑的感受重

　　　　　　　　　　孤兒：從榮格觀點探討孤獨與完整

擊。他注意到失蹤的牛的蹤跡，但無法辨認真假。在第三張圖中，他聽到牛的聲音，當他所有的感官齊力開動時，他張大自己的眼睛，捕捉到牛的頭一閃而過。那牛獨自行動了一陣子，變得狂野起來，難以捕抓。牧童抓住牠了，但這牛固執、頑抗，他得堅持住，並且使用鞭子。在第五張圖片中，他緊握牛鼻上的繩環，牛終於平靜下來；他持續緊緊抓著，於是他能夠制服牛。他領悟到妄念是源自自己內心，而非他周遭的外在世界。

終於馴服了這頭牛之後，牧童騎著牛回家；他的心思清明，頭也不回地前進。在第七幅圖中，牧童回到家中，但畫中不見牛的蹤影。其中的意義是，現在牧童已見到真理，不再需要他所尋覓的東西了，所有的困惑都消失了。下一幅圖是一筆畫成的空心圓（圓相，ensō），牛和牧童都消失了；留白表達了對自己和俗世事物毫無眷戀。下一幅圖描繪出山水花卉的塵世景象，暗示著已經超然於物相世界，於是個人可以從空（nonbeing）的境界來觀看世界。最後一張圖中，牧童以類似佛陀的形象呈現，了悟人世，化身成一位長者，正要前往市集。人物呈現為老人的形象，暗示著這樣的旅程是得花費時間的。

這人已經遺忘屬於自己的頓悟，所以此處他成了代表集體的人（the collective man），與他的弟子拿著乞討的缽上市集，

他也遺忘了自身與神的經歷。[47]這意味著，他不再感到獨特，也就是說，他心中並不刻意想表現出獨特性。反而是獨特性從他身上湧出，展現為具有創造力的行動[48]，從櫻樹在他經過後便綻放出櫻花，即可見一斑。了悟的人不會感覺自己獨特，而是覺得非常平凡，向世界敞開胸懷，以非常人性的態度對待每一個人。

正如前面提到的，這種失去牛和發現牛的旅程，在人的一生中會出現很多次。目幸默僊[49]說這個旅程是一個自我經歷相對化的過程。馮‧法蘭茲[50]說，「自我必須有一個在人群之間自己身為人的態度，然後它從自己內在所發現到的獨特性，便會不由自主地發散出來。」榮格在《神祕合體》（*Mysterium Coniunctionis*）[51]中提到了一個例子，國王已經老了，但卻無自知之明，也就是說，他完全沒有意識到自己的衰老，已經不再有年輕人的創造力和活力來統治國家。他沒有意識到需要新的領導者。在這情況下，舊的原則需要消亡，也就是舊的習慣和觀點必須消亡，以便讓新事物有生發的空間。

詹姆斯是一位年屆七十五的老人，想活到一百二十歲，決心讓自己的生命活到極致。然而，他們夫妻相互依賴，他常常覺得妻子阻撓他獨自行事。她經常為他擔憂，因為他會出門去健行卻不告知任何人他去哪兒，或是他會隨興之所至去辦事，卻忘記告訴她他的行蹤。最近他想去划獨木舟，為了取得妻子

　　　　　　　　　　　　　　孤兒：從榮格觀點探討孤獨與完整

同意，所以諮詢了醫生，醫生說他身體狀況很好，所以贊同他進行這項運動。詹姆斯在他人生中需要一條通往內在世界的新道路之際，卻想要投入外在世界的活動。如果他能對自己的內在世界以及獨一無二的靈性層面多加反思，他就會找到充實餘生的解答。這可能是一種將「物質」屬靈化的做法，也就是說，他試圖從外在事件找到意義，卻得不到多少滿足。從划獨木舟的體驗中，他開始更加意識到，真誠面對生活以及自己做為一個獨立於妻子的個體的重要性。一旦他意識到這點，划獨木舟對他而言就不這麼重要了。

　　為了獲得意識，自我及其內容物必須找到在自身之外的相對參照點；透過原型夢或神聖夢中的意象，或是陰影的運作，從中取得更寬廣的視野，便可以達到這點。於是自我對於全部的心靈來說，就顯得是相對的了。對詹姆斯來說，下面這個他在此時期所作的夢就是個例子：

　　我和我老婆要去參加全國性的教會聚會，裡頭有平信徒也有神職人員。我老婆買了一本《人物》（People）雜誌並帶在身上。教會的高級官員正在驅趕參加這次會議的每一個人，但我仍然要參加。

　　他的妻子在現實生活中是有道理的，也就是說，人上了年

紀就需要未雨綢繆。但是就這一對夫妻來說，詹姆斯需要採取更多適合他的靈性角度去思考，而不是採取夢中他妻子隨身攜帶的集體的聲音。對於這個夢，他聯想到耶穌醫治瞎子，以及他的父母被趕出猶太會堂。對他來說，重要的是要堅持立場，即便是和眾人相反，而且當人睜著眼睛卻視而不見，就比瞎子還糟。他要做的是去關注內心世界的靈性發展，並且找到方法平和地讓妻子滿足於減少依賴的夫妻關係。

這趟旅程是孤獨的，一個人得在其中學會接受自己的本然面貌，也要能夠泰然接受別人這樣做；接受別人的本然面貌，不管他們處於生命中的哪個位置。根據《十牛圖》的故事，這是一段無事可知的旅程，其中沒有終極的普世真理。日本禪學大師鈴木大拙[52]反思道，「……當一個人得以看透自身的存在，便立地成佛……。」

個體化之旅

安琪拉是一位離了婚的婦女，正邁入老年，她在十歲時做了一個永生難以忘懷的夢。夢境如下：

我在沙漠中，手腳並用爬行著。沙子的顏色彷彿是紅色的，周遭十分貧瘠；什麼植物都沒，只有遠方有山。氣溫焦熱

不堪，太陽正無情地照著我。我很渴，拚命找水。我醒來時渾身是汗。

讓我們看看這個夢，並試圖理解這個童年的夢對她可能意味著什麼。根據榮格[53]，童年的夢「……極其重要，因為它們源自於人格的深處，經常表達出對未來命運的預感。」這是一個她無法忘懷的夢，並且一直長久伴隨著她，表示這個夢對她來說帶有特別的意義。

這個夢出現的時期差不多是她在學校開始接觸到性教育的階段，她開始進入青春期，並注意到自己身體的變化。她回憶起這些關於性的資訊，以及對她而言所具有的意涵，讓當時的她頗感不安。她和父親特別親，但不喜歡母親身體力行的那種「留守家中」的典範。

夢境開始的場景是在沙漠，那是她家所在的地方，不過沒有像夢境中那樣貧瘠。她憶及幾年前全家搬遷到那裡，她因而不得不和一位男性童年玩伴告別。這件事情對她來說傷害極大，於是她拒絕到新學校上學、拒絕交朋友，並對父母滿懷憤怒。雖然父母試著讓她有所準備，但不知何故，她和她的父母都沒有意識到或預料到，這次的搬遷竟會造成她這樣大的失落。她難以克服失去這位童年摯友的傷痛，因為他們十分親密，喜歡一起玩耍時到處冒險，也時常到對方的家作客。這個

失落也塑造了她的天命。沙漠這場景似乎放大了她所經歷的荒蕪和孤單。因此，她經歷到太多陽性特質（寰宇中男性的主動原則），例如：火、太陽、陽剛的、具侵略性的，而缺乏像是水、女性化的以及有彈性的陰性特質（寰宇中女性的被動原則）。陽與陰指的是光明與黑暗，衍生到包含宇宙中的兩極力量以及變化的循環。[54]

　　另一方面，沙漠也是植物和動物幾乎難以生存與繁衍的地方。作為一種心靈地景，沙漠可能描繪出「……疏離、靈性飢渴、乏味沉悶、迷失方向或枯竭的時期，也同時是羞辱、滌罪、救贖和開始」。根據《象徵之書》（*The Book of Symbols*）兩位編者，沙漠在聖經中是一個流浪、流放、誘惑和等待應許的過渡空間。[55] 因此，沙漠是一個試煉場，但也是一個交會之處。

　　在埃及，沙漠受塞特神（Set）所統治，也是貓女神巴斯特（Bastet）變成母獅塞赫麥特（Sekhmet）的地方。馮・法蘭茲告訴我們，在晚期的埃及傳統中，獅女神塞赫麥特和貓女神巴斯特，與女神伊希斯（Isis）間關係錯綜複雜。伊希斯和丈夫俄西里斯（Osiris）的女兒巴斯特，被稱為布巴斯蒂夫人（Lady of Bubastis），在被水環繞的城鎮中央有一座神殿祭祀著這位女神。[56] 巴斯特和伊希斯既擁有崇高的神靈性，也同時具有大母神（Great Mother）暗黑冥府的特質。

巴斯特有時會認同她的父親，並在所有與魔鬼征戰的太陽英雄神話中佔有一席之地。巴斯特被崇拜為月神，是由於她反射光芒的的雙眼，就如同太陽的光在月亮上反射出來一般。巴斯特也與生育有所連結，因此也跟創作過程有關。在此，意識中的陰性特質出現了，這個夢可能指向需要予以發展的女性意識。

被描繪在埃及古墓中的塞赫麥特，《太陽神的冥府之旅》[57]一書中記載了她的故事，她體現出所有生命中的矛盾。她被認為會帶來疾病，但也帶來療癒，而且她的女性面向是在療癒中呈現出來的。

在夢中，安琪拉手腳並用爬行著，非常接近地面，而且處在一種尋求與原型母親連結的較原始狀態，同時或許有一種要背離自己母親的需求，而她所經驗到的母親無法在情感上回應她。夢中太陽正無情地照著她，而她的生活中充滿她尚無法理解其意義的艱辛。這代表一種佔有主導地位的男性取向，或說是竭力想要獲取意識，導致了可能致她於死地的極端口渴。這是太過於單方面只與她生命中的陽剛價值有所連結，而缺乏陰性特質中的涵容與滋養。

安琪拉是獨生女，她想要有兄弟姐妹，但她父母年紀太大了些，也不想有更多孩子。她渴望同伴，所以加入社團、俱樂部，為自己打造出家人的感覺。然而，儘管有這些社團，她大

多時候仍然感到很孤單。獨自置身沙漠的這個孤兒原型，在她還那麼早年的時候就被觸發了，並且在她生命中上演出來。她的父親在她才二十出頭時就去世了，她被這樣的失落擊垮，因此在這之後不久就步入婚姻，以填補空缺。但這段婚姻並不長久。

安琪拉失去了重要的同伴，先是在童年失去了一位她可以分享她的愛的朋友，約莫十年後再次因父親離世而發生。於是她尋覓能夠代替的對象，但從未獲得滿足，孤兒便一次又一次地在她的內心積聚成形。

她夢中的顏色讓人聯想起紅色所代表的更新或是毀滅意味，猶如血與火那樣，能帶來生命或毀壞、洞察、愛或攻擊。[58] 著名的美國畫家喬治亞・歐姬芙（Georgia O'Keefe）的繪畫作品中可以看到紅色的沙，她在新墨西哥州的沙漠中發現了創作的靈感，那裡讓她得以茁壯並發揮創意。她第一次瞥見桑格雷克里斯托山脈（Sangre de Cristo）就啟發了她的繪畫靈感，她喜歡那裡的風景，但是直到十二年之後才又再度造訪。[59] 紅色經常與塞特聯想在一起，與白色的荷魯斯（Horus）和黑色的俄西里斯成對峙狀態，埃及國王的船會被塗成紅色，以此意味著塞特被迫成為承載太陽的奴隸。[60] 荷魯斯和塞特在俄西里斯神話中是互相競爭的對手，注定要一直戰鬥，直到他們最終和解並彼此結盟，來贏得自己的權利。這以雙頭人形象的太陽

　　　　　孤兒：從榮格觀點探討孤獨與完整

神來象徵，以擬人化的方式表達對立兩極的聯盟，顯示任何存在的事物皆有兩面性。[61]

榮格在《神祕合體》的〈對立的化身〉（The Personification the Opposites）這部分[62]中提到了對立的統一，他在其中指出：「煉金術士致力於將對立統一起來的企圖⋯⋯在至高的聯盟中終告圓滿達成。」具體來說，這是煉金術士嘗試將物質中對立的部分予以統一的企圖，統一太陽（Sol）和月亮（Luna）。關於紅色，太陽含有一種紅色的活性硫，高溫而乾燥，或許在紅沙中反映出來。在夢中，安琪拉因著黑暗太陽（Sol niger）的攻擊而受苦，這暗示著人得做些什麼。如此一來，炎熱太陽和紅色沙子的意象可以視為要返回到原始素材的積極創造力量，以便「⋯⋯回到簡單元素的原初狀態，獲得太初天堂的永生不朽，」[63]：一種療癒的潛能。

太陽的黑暗面與父親有關，因為對女性而言，父親是乘載阿尼姆斯意象的第一個載體。安琪拉在她早年就學期間，個性比較一板一眼又正直，會向老師報告同學們所有微不足道的違規行為。後來她到了青少年時期反而反抗規矩。

「在心理上，塞特象徵著本能，有時甚至是自性的暴力面向，也就是將自己最內在的真理予以實現⋯⋯〔這〕對於個體化過程來說，是不可或缺的。」[64]塞特體現了陰影面、暗黑衝動和可能令人恐懼的特質。這種能量，是個體賴以區辨倫理

道德以及承擔新責任所需的。為了接受塞特式的特質，我們需要將這些陰影面，也就是我們所有人內在的那些暗黑的憤怒面向，都加以整合，並且要知道這些特質可以帶來幫助和支持。

伊希斯所代表的陰性原則是生命女神，而且「……她是所有無助的、受到疾病、痛苦和悲傷折磨之人的偉大醫治者和守護者。」[65] 有時我們感覺卡住了，這是因為運轉停滯了。陰性原則具有開啟流動的潛能，並且會鼓舞發展。陰性原則的重要在於，它是人們踏上這樣的旅程時所需要的堅持，耐心，有時被動的等待，以及對自己的關愛。有時人必須等待。此時那種陽剛的、由自我所驅策的、追求完滿的任務不再有幫助，當個體缺乏和自性連結時更是如此。

當然，沙漠可能是真實的或是想像的，無論是哪一種，人們都得面對它對自己的意義。據說聖安東尼曾在沙漠中挨餓，還說他曾被烏鴉餵養，這象徵的是人在受到極端處境的激發下，從心靈所生發出無法預期的補給。[66] 這意味著人們必須觀察、聆聽並偵測存在於沙漠之中任何獨特以及未被注意的生命跡象、儲存於仙人掌中的水，而且明瞭我們每個人內在都有著隱藏未現的資源。

安琪拉一直過度認同孤兒，受困在沙漠之中。多年來她從未理解到這點，直到透過榮格取向的分析，才慢慢開始面對獨自一人的意義。她雖然在外在世界有所成就，但卻為了服

膺陽性原則而背叛了自己的身體，忽視自己創造性的表達本能。她的旅程很漫長，而夢中卻沒有水，但現在因著她新獲得的知覺，她有機會能碰觸到生命之水了。當然，這段旅程並不輕鬆，因為她必須用她的創造力獲得樂趣，投入在內、外在世界以啟發無意識中的創造神靈。正如榮格取向分析師施韋澤爾（Andreas Schweizer）[67] 所說的，「這一現象的背後存在著共時性法則，有機會讓這種趣味的、半意識性的活動突然降臨在匯聚於無意識中的原型內容。」榮格在〈共時性：一種非關因果的聯繫法則〉（Synchronicity: An Acausal Connecting Principle）[68] 中討論共時性，描述一個有意義的巧合如何浮現出來，並成為富有創意的解決方案。因此，共時事件存在於所有永恆之中，不時地反覆發生，而且神祕難解。這是我們必須敞開自己去接受的。

　　不論是對安琪拉或其他所有孤兒情結的「受害者」而言，都必須去察覺生命的流動。過多的熱、陽、日、意識、堅定，勢必得與陰、冷、月、無意識和彈性做適度地平衡。其中負向的部分，就像是我們在安琪拉身上看到的那種可怖的孤絕感。至於孤兒情結中的正向部分，就是人們擁有找到自己獨特性的潛能。

原註 1　M-L. von Franz, *Alchemy: An Introduction to the Symbolism and the Psychology*, p. 170.

原註 2　Jung, *Archetypes of the Collective Unconscious, CW9i*, p. 62.

原註 3　von Franz, *Alchemy*, p. 74.

原註 4　R. I. Evans, *Conversations with Carl Jung and Reactions from Ernest Jones*, p. 34.

原註 5　A. N. Schore, *Affect Regulation and the Origin of the Self: The Neurobiology of Emotional Development; Affect Regulation and the Repair of the Self.*

原註 6　Beebe & Lachmann, *Infant Research and Adult Treatment Co-Constructing Interactions.*

原註 7　J. Bowlby, *The Psychoanalytic Study of the Child*, p. 9.

原註 8　J. D. Lichtenberg, *Psychoanalysis and Motivation*, p.70.

原註 9　Main, Kaplan & Cassidy, *Monographs of the Society for Research in Child Development.*

原註 10　M. Jacoby, *Jungian Psychotherapy and Contemporary Infant Research: Basic Patterns of Emotional Exchange*, p. 87.

原註 11　Stern, *The Interpersonal World of the Infant*, p. 97.

原註 12　Jacoby, *Jungian Psychotherapy*, p. 93.

原註 13　Jung, The Psychological Foundations of Belief in Spirits, *The Structure and Dynamics of the Psyche, CW 8*, p.594.

原註 14　Jung, Psychological Foundations, *Structure, CW 8*, p.594.

原註 15　Nelson, *There's a Hole in My Sidewalk: The Romance of Self-Discovery*, pp. xi-xii.

原註 16　Jung, Forward, *Aion: Researches into the Phenomenology of the Self, CW 9ii*, p. x.

原註 17　Jung, The Ego, *Aion: Researches into the Phenomenology of the Self, CW 9ii*, p. 1.

原註 18　Jung, *MDR*, p. 44.

原註 19　Jung, *MDR*, p. 50.

原註 20　Jung, *MDR*, p. 51.

原註 21　Jung, *MDR*, p. 53.

原註 22　Jung, On the Psychology of the Unconscious, *Two Essays on Analytical Psychology, CW 7*, p. 103, n. 5.

原註 23　Jung, The syzygy: Anima and animus, *Aion, CW 9ii*, p. 41, fn 5.

原註 24　C. P. Estes, *Women Who Run With the Wolves: Myths and Stories of the Wild Woman Archetype*, p. 131.

原註 25　Estes, *Women Who Run With the Wolves*, p. 149.

原註 26　Edinger, *The Aion Lectures: Exploring the Self in C. G. Jung's Aion.*

原註 27　Jung, The Ego, *Aion, CW 9ii*, p. 9.

原註 28　Jung, Individual Dream Symbolism in Relation to Alchemy, *Psychology and Alchemy, CW 12*,

p. 44.

原註 29　Jung, Definitions, *Psychological Types, CW 6*, p. 789.

原註 30　Jung, *Psychological Types, CW 6*, p. 790.

原註 31　Jung, *MDR*, pp. 92-95.

原註 32　Jung, The Self, *Aion: Researches into the Phenomenology of the Self, CW 9ii*, p. 59.

原註 33　Jung, The Philosophical Tree, *Alchemical Studies, CW 13*, p. 396.

原註 34　Schweizer, Personal communication, September 5, 2012.

原註 35　Edinger, *Ego and Archetype*.

原註 36　U. Becker, *The Element Encyclopedia of Symbols*.

原註 37　Jung, *Alchemical Studies, CW 13*, p. 152 B2.

原註 38　Jung, Paracelsus as a Spiritual Phenomenon, *Alchemical Studies, CW 13*, p.185.

原註 39　Jung, Religious Ideas in Alchemy, *Psychology and Alchemy, CW 12*, p.414.

原註 40　Jung, Religious Ideas, *Psychology and Alchemy, CW 12*, p.414.

原註 41　Edinger, *Ego and Archetype*, p. 103.

原註 42　Spiegelman & Miyuki, *Buddhism and Jungian Psychology*.

原註 43　Spiegelman & Miyuki, *Buddhism and Jungian Psychology*, p. 74.

原註 44　D. T. Suzuki. *Essays in Zen Buddhism*.

原註 45　S.Wada, *The Oxherder: A Zen Parable Illustrated*.

原註 46　Spiegelman & Miyuki, *Buddhism and Jungian Psychology*, p. 50.

原註 47　von Franz, *Alchemy*.

原註 48　von Franz, *Alchemy*.

原註 49　Spiegelman & Miyuki, *Buddhism and Jungian Psychology*.

原註 50　von Franz, *Alchemy*, p. 160.

原註 51　Jung, Rex and Regina, *Mysterium Coniunctionis, CW 14*, p. 368.

原註 52　D.T. Suzuki. *Essays in Zen Buddhism*, p. 363.

原註 53　Jung, *Children's Dreams: Notes from the Seminar Given in 1936-1940 by C. G. Jung*, p. 1.

原註 54　《易經》。

原註 55　Ronnberg & Martin, *The Book of Symbols*, p.116.

原註 56　von Franz, *The Cat: A Tale of Feminine Redemption*.

原註 57　A. Schweizer, *The Sungod's Journey Through the Netherworld: Readig the Ancient Egyptian Amudat*.

原註 58　Abt, *Introduction to Picture Interpretation: According to C. G. Jung*.

原註 59　M. Costantino, *Georgia O'Keefe*.

原註 60　de Vries, *Dictionary of Symbols and Imagery*.

原註 61　Schweizer, *Sungod's Journey*.

原註 62　Jung, The Personification of the Opposites, *Mysterium Coniunctionis, CW 14*, p. 104.

原註 63　Jung, The Personification of the Opposites, *Mysterium Coniunctionis, CW 14*, p. 118.

原註 64　Schweizer, *Sungod's Journey*, p. 142.

原註 65　Schweizer, *Sungod's Journey*, p. 143.

原註 66　Ronnberg & Martin, *The Book of Symbols*.

原註 67　Schweizer, *Sungod's Journey*, p. 144.

原註 68　Jung, Synchronicity: An Acausal Connecting Principle, *The Structure and Dynamics of the Psyche, CW 8*.

孤兒的象徵

客房

人類是間客房。
每天早上都有新來者。

喜悅、沮喪、惡意，
片刻的醒悟來了
成為意想不到的訪客。

歡迎並款待所有來者吧！
縱然是一大團憂傷，
猛烈地橫掃過你的房子
清空家具，
依然，要敬重對待所有賓客。
他可能是幫你清空
好讓位給新的喜悅。

無論陰暗的念頭、羞愧、怨恨，
在門口笑臉相迎邀他們入內。
不管來者為何都心存感激，
因為每一個被派遣來的

都是上天的引導。

——魯米（J. Rumi）[1]

孤兒深深地觸動著我們，是因為其帶有的原型本質。就像「聖童」（devine child）一樣，孤兒是一種眾人皆知的普世經驗。這不同於父母親和子女之間關係上的情感同理發展失敗，更確切地說，是無法在同理上同頻（attunement）。動物孤兒和無家可歸兒童的照片中，有著什麼東西扯動我們去回應（圖十二和十三，孤兒羔羊和士兵餵小貓）。

圖十二　孤兒。一位坎伯藍地區的農夫用奶瓶餵養羔羊孤兒。

資料來源：Hulton Archive/Fox Photos/Getty Images。經許可轉載。

圖十三　士兵餵養小貓，一名美軍陸戰隊士兵在韓戰期間一場於「碉堡山」（Bunker Hill）附近展開的猛烈砲火轟擊後，餵食一隻拾獲的小棄貓。

資料來源：Hulton Archive／美國海軍陸戰隊士官馬丁‧萊爾（Sgt Martin Riley）／GettyImages。經許可轉載。

　　此外，仔細看看圖十四中天真孩童的畫像。這幅畫讓人覺得這孩童並不厭棄塵世，反而是朝氣盎然並憧憬未來的。也讓人覺得這孩童會和動物玩耍，似乎並未脫離天性和他／她自身的直覺本性。這個兒童充滿希望與未來，似乎就是這些特質讓我們和兒童原型產生連結。接下來，讓我們想想孤兒如何以及為何觸動我們，它又具有什麼意涵。

　　首先，孤兒通常是以孩童的樣子呈現，而聖童是榮格心理學兒童原型的展現。原型之所以是「神聖的」（或是和「邪惡的」相反），意味著它是因為情感的反應而被激發，情感反應

　　　　　　　　孤兒：從榮格觀點探討孤獨與完整

圖十四　〈幼兒撒母
耳〉。

資料來源：布里奇曼
藝術圖書館。經許可
轉載。

會讓意識中的材料以原型的方式組織起來。因此，我們需要了
解原型所帶給我們的潛能。如前所述，在神話和童話故事中的
兒童有著重要的影響，也具有擄獲人心的力量。

　　榮格將原型描述為「理解的典型模式」[2]，即「做為先驗
的條件因素……，這賦予了所有生命各自的特定性質」[3]；他
將原型概念化為人類普遍的、原始的經驗。因此，原型的結構
和模式是人類數世紀以來經驗的結晶。他認為原型與本能緊密
相連，「集體無意識的構成是各種本能以及本能間相互關係的
總和──原型。」[4]這意味著原型不僅可以與本能連結，也可

以與靈性連結，或是與這兩者的結合體連結，但原型仍然處於我們永遠無法直接碰觸的集體無意識之中。「原型是意念形成這類表徵的一種傾向——表徵可以在不失其基本模式的情況下有著極大的細節變異。」[5] 孤兒就是這些基本模式中的一種。

孤兒原型，和所有其他原型一樣，都具有一種力量。因為孩童的意象會產生一股衝擊，其中具有龐大的能量，通常還帶有神祕色彩，使得我們難以不受影響。在此，人們必須要分辨「原型」和「原型意象」的不同。「只有當原型碰觸到意識心智時……意識心智才得以區辨原型……唯有這樣意識才能掌握、理解、闡釋和消化原型。」[6] 這就是當我們面對一個能夠被理解的意象時所發生的情況。

原型的湧現必須來自個體的經驗，但不盡然一定是和個人事件有關，像是被父母或生命中重要他人虐待或遺棄之類的事；「原型可以從內在的心靈事件中浮現出來，然後該心靈事件激發了情結而創造出相對應的原型意象。我甚至要說，許多創傷性經驗的真實原因可以在內在的心靈經驗中找到，例如揭露或是經歷到神的黑暗面時所產生的經驗。」[7]

一個可以讓意象被激發出來的地方，就是沙遊療法，這是一種由朵拉·卡爾夫（Dora Kalff）發展出來的治療方式，她並於一八九五年成立國際沙遊治療學會（International Society for Sandplay Therapy, ISST）。[8] 沙遊治療的基本要素，是由治

療師提供一個自由與受到保護的空間：通常有數百個小模型可供個案挑選，在濕沙盤或乾沙盤中擺設出場景，或是單純將沙子塑造成各式形狀。這種獨特的方法，可以獲取來自無意識的治療能量，而在無意識中，心靈知道個人需要的是什麼。這個治療技術是擷取自瑪格麗特‧羅恩費爾（Margaret Lowenfeld）、鈴木大拙和榮格的理念。接下來提到的這位個案，便在她的療癒之旅中使用這個治療技術，第六章所描述的兒童個案也是。

安妮是一名四十八歲的職業婦女，被迫離婚後發現自己如今孑然一身。這幾年來，她嘗試維繫婚姻，但儘管她試圖和解，但丈夫卻無意為此付出必需的心力。他們一直沒有孩子，在分居後不久，總算有一位年輕的未婚母親選上他們來領養她的小孩。安妮認為這是她的祈禱所得到的回應——一個名副其實的聖童出現了。然而丈夫對此並無同感，他既沒意願共同撫養小孩，也不願意與她和解。這讓安妮陷入了重度憂鬱，因為某方面來說她知道在這種情況下領養這個孩子是不公平的，而且她的身心狀況也無力對一個嬰兒付出情感。此外，她的工作不再讓她獲得滿足感，於是她開始接受心理分析。經過幾年的分析，獲得了一些洞見後，她試圖透過沙遊治療來重新連結她的創造力，正是透過這樣的治療模式，她發現了她正踏在尋找自己的旅程上。由於隻身一人，甚至如今父母也不在了，於是

她內在的孤兒原型被激發了。

以安妮的狀況來說，收養一個孩子不可能實現，因此，聖童是一個象徵，需要予以進一步理解。當然，對於可能永遠無法成為一個擁有自己孩子的母親，讓她感到哀傷以及痛苦。她渴求一個簡易的解答，但這解答必須發自她的內心，結果這成了她發現自己的旅程。我們常常希望有一個不需要承擔任何苦痛的答案，但每一分意識的獲得都是與無意識間的戰鬥，勢必帶來一番受苦。

聖童

聖童是一種象徵，並非人類的兒童。它象徵著一個奇蹟孩童（wonder-child），一個在不凡的處境下成長的孩童。「其行為如同其天性以及生理狀態，都是充滿奇蹟，或說是怪異的。」[9] 在榮格心理學中，聖童並非過往就已存在的，也就是說，雖然是存在於集體無意識中，但是是現在才出現的。它象徵著更新和希望，是源自於我們對於失去的能量或創造力的補償需求。因此，聖童成為潛在發展的象徵。

作為潛在發展的象徵，這個「孩童」為人格的未來改變鋪好路。[10] 在個體化的歷程中，兒童的象徵預示著將人格中的意識和無意識成份予以綜合，所以它也是整合對立面的象徵。它

帶來療癒，也讓人感到完滿。作為象徵它可以有很多種表現形式。作為個體化的象徵時，就不僅只是存在於集體之中，而是必須要加以統合。

聖童有些共同點，譬如：奇蹟式的誕生、熬過兒時逆境存活下來，包含遭遇遺棄和深陷險境。孩童可能看起來像是神或英雄，雖然他或她的本質是人，但卻處於半神半人的地位。根據榮格的說法，[11] 這樣的位階代表著綜合了尚未帶有人味的神性以及包含了意識與無意識面向的人類。因此，聖童代表著趨近圓滿的個體化歷程的潛在期望。

三大宗教的領袖要不是孤兒，就是有奇蹟般的誕生。在基督教中，耶穌的孕育是項神蹟，「……因為是聖靈使她受孕；」聖馬可（St. Mark）說。他在馬槽出生，相當卑微，卻是要成為基督徒的精神領袖。

摩耶夫人在夢中被一個乘坐白象的神聖菩薩碰觸了身體脇側後，便受了孕，生下將要成為佛陀的悉達多。她在悉達多誕生七天後就過世了。由於預言提到，這個兒子要不就成為一個偉大的國王，要不就成為一位偉大的精神領袖和導師，於是國王將他隔離在王宮裡。悉達多也結了婚，但二十九歲時在看見一名老人後，他就離開王宮。然後他試圖要找出關於生命和苦難問題的解答。他了解到擁有財富或拋棄一切都無法提供解答，而是要在既非縱容自己、也非自我懲罰的中道中尋求，不

再輾轉於享樂或厭棄之間。這是一條真實面對自己的道路。

在穆斯林信仰中，穆罕默德的父親在他出生前就去世了，而他的母親則在他五六歲時去世。在接下來的幾年中，先是由祖父照顧他，直到祖父也去世了，於是在八歲左右由叔叔照顧。《古蘭經》說：「難道神沒有發現你這個孤兒，給你庇護和照顧嗎？祂發現你在遊蕩，就給你引導。祂發現你需要幫忙，就讓你獨立。」[12] 在二十多歲的時候，他到一個富裕的家庭中工作，娶了那位比他年長許多且已經有四個女兒的寡婦。他所接受的啟示後來寫成《古蘭經》，成為穆斯林信仰的聖經。

為了進一步理解聖童，而且既然聖童不是人類，我們就必須去了解在象徵的層面上它在傳達些什麼。聖童都經歷一場「奇蹟式的誕生」，這樣的降世是要讓我們知道這非關人類的孩子，不是人類經驗所可以理解的。「這種『微不足道的』、毫無保護、遭受遺棄、身陷險境等身世安排，是要試圖向我們展現心靈〔獲得〕完滿的可能性有多不確定。」榮格形容這是「為了達到這個『至高的善』所會面臨的巨大困難」。[13] 而這之所以困難，是因為我們經常會遇到環境阻礙或生理限制。聖童可以完成神蹟般的事蹟，但也可能在從事的過程中被消滅。當聖童的原型受到激發，特別是伴隨著孤兒原型時，個人便即將踏上英雄的旅程。無論如何，英雄試圖克服障礙，不管那障

礙會是什麼，並且試圖在意識層面上獲得更多拓展，將黑暗的無意識與光明的意識予以分開。實質上，就是克服以往的無意識狀態。

有時他人的悲慘遭遇會帶給我們一些啟示。過去有多年的時間我在醫院擔任兒童心理學家。我曾經治療一位十歲的男孩，他在騎自行車的時候被一輛汽車撞到，因此一隻腳斷了。他是一個安靜又相當內向的男孩，話不多但是積極地配合復健治療。為了協助他哀悼斷腿的這份失落，他提議種一棵樹，並在樹下埋葬一張他斷掉的腿的照片。家庭牧師被找來，並在醫院的禮拜堂裡舉辦這場儀式，藉此見證他的生命，同時為他的斷腿舉行告別式。沒有任何棺木，而是一個密封的信封裡裝著斷腿的照片被埋葬在他家新種植的樹底下。他很勇敢地在儀式上致詞，並親口向他的腿告別。現場沒有一個人不是熱淚盈眶！他走出這場悲劇意外的能力，深深鼓舞著每個人。

聖童充滿活力。他或她被賦予神奇的力量，儘管經歷重重險境仍然生存下來。在我們內心深處有一個部分，充滿著力量跟活力來面對生命挑戰；那個部分關係著一股想要和自身的本性及力量接觸的衝動。榮格認為，這樣的生命力是一種自然法則，因此是一種無往不勝的力量，即便在一開始時微不足道、毫無勝算。聖童的主題也變得如同自性一般，一個人在其中受到召喚去聆聽，並留意對於潛在改變的要求。這就有可能導向

自己與他者的分化，隨之而來的就可能是獲得心靈意識。這是一個苦痛的歷程，但所帶來的分化會產生洞察與意識。本質上，孩童代表的是自性的象徵及其朝向圓滿的驅策力量。

潛能

聖童這個主題，是一個存在於我們所有人之中的原型，而且如榮格所描述的，包含奇蹟式的誕生、微不足道、缺乏保護、遭受遺棄以及身陷危險，卻也可能是個體對自己童年的殘存記憶，例如被遺忘的經歷、還無法用語言表達時的記憶，或是先前的創傷所抹除的記憶。另外，孩童作為象徵來說，可能是「……代表了心靈中屬於前意識的童年面向」。[14] 無論如何，在榮格心理學中，原型在某個時刻匯聚成形的運作，是為了補償過於偏頗的意識心智，或是糾正沒有節制的意識心智。為此，我們需要兒童的意象；它是個能帶來新意的使者。具體而言，兒童的主題帶來了潛在的未來。每一個孩子都有一份未來，這就是為什麼每當年幼的孩童去世，總讓人如此難受的原因。即使在臨終之際，孩童也可以教會我們明白何謂盼望。

在兒童醫院工作期間，我偶爾會與瀕死的兒童一起工作，這是份艱難但同時又讓我獲益良多的工作。我努力始終懷抱著希望，覺得某個治療方法必然能夠使疾病得到緩解，但是當我

孤兒：從榮格觀點探討孤獨與完整

知道並非如此時，我便開始和這個兒童一同踏上一趟特殊的旅程，讓這個從生到死的最終轉換歷程好過一些。我記得當時有一個七歲左右的女孩，她因遺傳因素導致重要器官先天畸形而瀕臨死亡。她對於死亡是什麼意義並沒有概念，也沒有人和她談論這件事。當她漸漸變得無法做到其他孩子可以做到的事情時，我問她，當她不得不從活著走向死亡時，她能想到什麼可以給予她幫助的圖象。她想到的影象是一個可以將她抱在懷裡的天使。我們找到了一張天使抱著孩子的圖片。這張圖讓她十分開心，當她因為醫院所進行的手術而感受到壓力時，就經常想著這張圖片。雖然她去世的時候我無法在場，但我聽說她走得很安詳，而我想像她那時便是在天使的懷抱中。知道我的工作內容的人總是會問我一個問題：「你怎麼有辦法和垂死的孩子一起工作？」對我來說，知道自己可以幫助孩子們順利完成人生最後的這個轉換過程，讓我深感安慰；這個七歲女孩教會了我，在臨終時可以藉由一個帶來安撫的內在意象陪伴她進行最後的轉換。榮格說過：「但是，當希望盡滅的人只能朝向虛無之境前進時，那些相信原型的人會遵循生命的軌跡，順著活向死亡之中。」[15] 帶著她那張圖像的小女孩就具有這樣的智慧。

　　這個孩童就如同前面所描述的，有著奇蹟般的誕生，並且克服各種逆境盡可能地活下來。儘管家裡貧窮，但她曾有機會

能夠進私立學校就讀。她熬過幼年時期的逆境，卻仍有力量在陪伴下面對她的死亡。她以堅強和毅力面對英雄之旅的挑戰。

「『兒童』意味著正朝向獨立自主的演變中。」[16] 聖童以微不足道之姿來到這個人世間，其誕生既神祕又有如奇蹟。榮格把這種情況比喻為在對立面的結合之外產生了第三者，它既非贊同也非否定，而是能把對立兩者連結起來的新事物；「兒童」的神聖性便在此彰顯，它是「一種有意義但仍未知的內容」。[17] 由於有這個新的開始，意味著孩童必須離開家庭，並將自己從起源中分離出來。對榮格來說，這意味著孩童正朝向獨立自主在轉變，因此，「遺棄是一種必要條件，而不僅只是附隨的症狀」。[18] 這在描述英雄的神話中已經象徵地表達出來，其中兩種，前面已經提及過了。

我們也可以在蜘蛛人、蝙蝠俠和哈利波特這些現代英雄故事中看到這一點。佛地魔在殺害哈利知名的巫師雙親詹姆斯和莉莉·波特之際，傷到了還是個嬰兒的哈利，並在他的額頭上留下一道閃電狀疤痕。以象徵來說，雷電在神話中代表著生命和啟蒙的火花，由宙斯丟擲到地上，戲劇性地象徵了神既能創造又能毀壞的雙重能力。[19] 這個創傷，無論是身體上的或是情感上的，都是這個年輕男孩面臨靈性召喚的第一個明證。我們也會在那些成為「負傷的治療師」（wounded healers）的助人工作者身上看到這一點。荷蘭天主教神父盧雲（Henri

孤兒：從榮格觀點探討孤獨與完整

Nouwen）創造了「負傷的治療師」這個詞彙，用來描述我們自己的傷痛能夠成為別人的生命之源。[20] 做這項工作是一份召喚，源自於個人自身的苦痛。

有時，我們在痛苦之時不可能對未來有所想像。人們必須等待其他事物到來，新的創造會帶來嶄新的態度或方式。如果我們無法自己做到這一點，我們可能會讓別人為我們做這件事，但這樣永遠不會帶來內心的平靜。這種將原屬於自己的驅力和情結都歸咎於他人的傾向，便是所謂的投射，也就是我們將原本屬於自己的某種東西歸因於其他人，而那一個人終將會讓我們失望。然後，通常也因為對那個人失望，我們必然會將投射撤回，最終自己來處理這個問題。我們所需要的是更高層次的意識狀態，能讓我們拓展自身的覺察以克服可能遭遇到的黑暗。這是一趟非常個人的旅程，有時候會很寂寞。

麗貝卡是個十一歲的女孩，她抱怨其他女孩對她不公平，因為她們在玩遊戲時往往不會找她。她覺得沒人要、孤獨，並受到同儕排斥。在她的治療中，孤獨的感受被看見了，而一旦她感到有人能了解她，我們就可以看看她在這個過程中扮演了什麼角色。當然，這對她來說是相當陌生的事，因為對她而言，有問題的是那些對她很惡毒的人才對。但是當我們一起檢視她與同儕間的互動時，很清楚地，她常常表現出專橫、跋扈，要大家都照著她的意思來玩。我跟她以角色扮演來重現她

與同儕間的互動模式，她扮演那個被專橫對待的角色。現在，她明白了，她指控其他人不公平，但其實她也對他們做同樣的事。當她開始明白這會讓朋友從她身邊離開時，她開始變得比較配合他人，不再那麼頤指氣使。當她撤回了將惡劣態度歸在他人身上的投射，同儕關係就得到了改善。

獲得這種更高層次的意識，就像是發現自己與所屬群體是截然不同的，看待事物的方式不相同了。我們可能會繼續過日子，認為自己可以意識到絕大多數的事情，然後突然間我們會碰上某種撼動我們的事物。那就像發現自己跟別人分離開來了；轉瞬間，我們信仰的東西不再有任何價值。

在夫妻之間便經常會看到這種況，經過多年的婚姻生活、孩子也離家後，彼此發現不再受對方吸引了。他們已經盡了家庭責任，但自己的個人需求卻沒有得到滿足。歸屬於社群和撫養子女的集體需求已經實現了，但更深層的原型需求，也就是真實面對自己，終將匯聚成形。覺得另一半毫無幫助的感受，現在反映在對另一半的失望中，但這些失望可能源自於其他領域；或許，是源自於自己的原生父母無法給予支持，或者，源自於他們沒有真實面對自己。將責任歸咎於另一方變得如此容易，但事實上此時應該做的是對自己的需求負起責任，為這些需求尋找適當的表達和解決方案。這與自覺是個孤兒的感受有關，因為我們在這之中感覺極為孤單，心中的渴望無人來理解

並滿足。我們也可以在夫妻關係中看見這種狀況，其中一人想從婚姻以外的第三者身上找到目前親密關係中所缺乏的某種東西。

麥特應有盡有；他長得英俊，有一個漂亮的妻子，兩個健康、聰明的小孩，還有一份他樂在其中的好工作。然而，在他結婚十五年的期間，他一直與另一個女人維持性關係。多年來外遇不斷，有些持續幾年之久，然後雙方關係逐漸淡漠，但他總是不費吹灰之力就又遇到另一個女人。這樣的狀況一向無事，直到他的妻子發現了他最近的一場婚外情。他試圖停止再和這女人見面，但是難以控制。當他第二次被妻子抓包時，妻子給了他最後通牒，於是他開始接受心理治療。起初，他願意為挽救婚姻而做任何事情，但當壓力消失，婚姻關係改善時，他就會打電話給那個女人，或是又有短暫的性邂逅。他不想為了另一個女人離開他的妻子，但他將這些婚外情視為是自己「很乖」的獎勵。

有幾個月之久，麥特想要合理化自己的行為，但他還是不得不面對自己、自己的所作所為以及對婚姻關係和小孩的影響，他的孩子已經察覺到父母親之間有所變化。這是麥特最難熬的一件事，而他在獲得療癒的旅程中感到極其孤單。他不得不檢視自己以及成為一個男人的意義，他不再是一個想要就可以擁有的小男孩。他也需要其他人的支持，因為這是持續了

一輩子但需要予以改變的模式。攫住他的,是愚者(Fool)的原型能量,在他這案例中特別是卡薩諾瓦(Casanova)這個角色。在歷史上,弄臣是國王和王后宮廷生活的一部分,用來展現人生中的樂事、提供娛樂,但同時也藉由打破規矩,為那些被禁止表達的見解、行為和感受提供一個出口,從而替王國帶來平衡。在這個案例中,麥特透過和其他沒有任何關係承諾的女性發生性行為的方式,將被禁制的性能量實踐出來。但是,他並不知道這種行為給他的家人帶來何許痛苦和折磨。在治療中,他開始看到他如何逃避和他最愛的那個女人親密,也就是他的妻子。但他的療癒之旅是必須由他獨自一人進行,去面對他內心的惡魔。

為什麼失親的孩子如此重要?沒有雙親的孩子指出了一種無意識的內容,亦即與當代的意識遠離或是毫無關聯。[21] 它是心靈中可能依舊深深處於無意識中的那個部分,也許就存在於母親原型之內,而且這個問題似乎沒有答案。孤兒代表著對社會秩序構成的威脅;它可能試圖糾正過於偏頗的態度。孤兒和任何人都不存在關係,因為他或她無父無母,必須找到新的照顧者。難道這樣的孩子命中注定需要邁向個人旅程,踏上個體化歷程?去了解孤兒對我們全體以及每一個人來說持有什麼樣的潛能,是非常重要的。到底錯失了什麼?

在童話裡,往往老國王需要獲得更新,因為老國王象徵

著過時的教條，或是已經失去原初的精神和情感衝擊力的原型表現，[22] 或者是苦無子嗣的不孕夫妻。國王沒有伴侶或是夫妻不孕，用心理學的語言來說，就是在意識層面缺乏可以連結的情感、感覺或非理性的元素，也就是說，更新無從發展。對於沒有孩子的夫妻來說，他們的對立面，靈性與本性、陽性與陰性、意識與無意識，變成是解離的狀態。如果希望有新的事物發生，勢必需要經歷一場騷亂、一種因對立之間的緊張狀態所帶來的痛苦，才能夠誕生一些東西。象徵性的兒童之所以會出現，是因為陳舊的態度早就該死去。

　　人們在神話和童話中遇到了聖童的概念，而且也是在這些背景中，兒童扮演著核心角色。在第五章分析童話故事〈小孤女〉（The Little Orphan Girl）時，會再多討論這部分。不論是在哪一種情況，孤兒的出生都是發生在特殊狀況下：通常有一對無子嗣的夫妻，神聖的出生，被遺棄的孩童，被其他人類或動物拯救，然後這個孩子長大後成為英雄或神祇。榮格說，聖童「是一個奇蹟孩童，在超乎尋常的環境下受孕、出生，然後長大成人，而且不是——重點在此——不是一個人類的孩童。」[23] 因此，這個孩子與過去有聯繫，因為它具有原型本質，「一個存在於我們所有人身上的心靈機制」[24]，我們會被聖童感動，是因為它原本就存在於我們所有人心中。

隔離

代表著內在心靈事實的原型有兩個對立面向,一個是正向的,一個是負向的;一個是有意識的,一個是無意識的;或者一個是指向後方的,另一個是指向向前方的。還有陽剛面向與陰柔面向的成分。當象徵不再具有任何意義,而且「滋養象徵意象的源頭不再供給時」[25],象徵就會死去。當這種情況發生時,我們將缺乏能量、失去關係,例如,我們會變得平淡乏味。此外,具有各種潛能的聖童也有負向的一面,在孤兒的狀態下,具有持續與世界隔絕並且不信任世界的潛在可能。當然,由於一開始的艱難困苦,這種趨於隔絕和不信任的傾向是可以理解的,但這只會讓痛苦持續下去。

當梅拉妮結縭二十二載的丈夫突然去世時,她已經五十七歲了。這個變化讓她措手不及,但接下來仍繼續工作三年,直到背痛的問題纏身,迫使她提前從會計的工作崗位退休。她搬去和大她五歲的哥哥住在一起,她哥哥也剛退休。她本來認為這會是一個好主意,因為她一方面可以就近照顧他,而且自己的生活費可以更省。但這樣一來她得搬到新的城市去,離自己的家和她屈指可數的朋友都有一段距離。結果她變得越來越與世隔離,越來越少自行出門參與社交活動。六年後,她哥哥也過世了,她才發現自己不知道活著的意義為何,她質疑為什

孤兒:從榮格觀點探討孤獨與完整 ┤

麼自己還活著。她一輩子活著都是為了服務別人，但現在沒有人需要她伺候了，她不得不面對自己、自己的過往和個人的意義。梅拉妮對自己的祖先開始有興趣起來，她好好地研究了整個家族成員，並彙集成一個關於自己家族的故事，她希望把這個故事留給已經成年的子女。對她來說，回溯自己的根源，是一個與祖先連結並回顧自己人生的開端。現在她終於獨自一人，有時間和精力去檢視自己的生命意義了。

這並不意味著人必須真的得在獨自自己一人的時候才能完成這項工作，但這確實意味著人們必須挪出一些空間和時間來進行這一場探索人生意義之旅。我們經常忙於打理生活，以致幾乎沒有時間去進行這樣的探索，但保留這樣的空間是至關緊要的，尤其當我們變老時，因為我們即將耗盡時間和資源，而且只要我們還在世，心靈總是試著引領我們更臻圓滿。

此時來討論象徵是什麼，可能有所幫助。每個象徵都有一個原型核心，但並不是每一個原型都是一種象徵，原型存在於可能變成象徵的潛能中。成為象徵的轉變，發生在集體無意識所提供的原始材料進入意識心智，與意識心智賦予形式的特性產生關聯，原型就可以由一個具體的意象來表徵，於焉形成了一個原型意象，一個象徵。原型可以被視為一種心靈能量，透過象徵的賦形使得原型得以被知悉。每個人身上都有這種潛能，而且它的存在是先驗（a priori）的。

因此，孩童主題的表徵可以承擔不同的象徵意義。例如，當兒童出現在夢中時，它可能是源自自己童年時代被遺忘的東西，也可能是對偏頗的成年意識狀態的一種補償或糾正，或者可能是未來可能性的直接象徵。當聖童或英雄孩童的象徵出現時，根據榮格的說法，這主要是自體（self）的象徵。而且正如前面提到的，它可能是與神的黑暗面的遭逢。每一個象徵總是有兩種面向，是兩極對立的。

　　感到隔絕的經驗可能在年齡還很小的時候就發生。傑可比在他的著作《榮格心理治療和當代嬰兒研究》中回顧了嬰兒的心理學研究，他透過各種理論說明了與主要照顧者——通常是母親——的關係是何等重要。根據榮格，父母的無意識狀態影響著孩子，因為「孩子們深受其父母的心理狀態影響，這也難怪童年時期的大部分情緒困擾，都可以追溯到家中令人苦惱的心理氛圍。」[26] 他甚至更進一步說，「父母應該要意識到自己是造成兒童精神官能症的主要原因。」[27]

　　在當代的兒童研究中，「現在已知嬰兒在母嬰關係中扮演的部分比以前認為的要大得多。事實上，嬰兒出生時就具有高度個別化的性格特質，而且感知能力已經有相當的發展了。」[28] 因此，母嬰關係應視為一種雙向關係，而且其中兩造的過往經歷，包括父母和孩子，都需要加以探索。在關係中，正常狀態下必然會出現一定的挫折感，這樣的關係才會是真實的，也

就是說，一個人對他人的感覺是好、壞並存的。事實上，我們都必須離開天堂，面對生命帶來的所有奉獻和悲劇。

孤兒之旅，正如之前榮格所描述的，以及神話和童話故事中所呈現的，是一段孤獨的旅程。榮格甚至評論說，踏在「分化中」（in-dividual，譯註：individual 被拆解成 in 及 dividual，強調與他人分離的狀態）的旅程上，人便是在世上獨行。[29] 孤兒的意象也象徵著我們每個人都必須面對自己的獨特性，而這只能在個體獨自與自己的關係中才能完成。這份在這個世界上如此孤單的感覺，是否提醒著某種我們每個人都必須去面對的東西？我們當然不是這世上唯一有這種孤單感覺的人；這是許多人的同感。

倖存者

在神話中，童子神（child god）通常是個被遺棄的棄嬰，[30] 而且正如前面所提到過的，他遭遇到異常危險的威脅。然而儘管周遭充滿壓力與兇險，孩童仍然存活下來。孤兒是一個倖存者。回想一下在第二章中提到的那位美國孤兒的故事，他從艱困的童年中存活下來，後來還擁有一份令人敬重的職位。

匈牙利希臘神話學者凱雷尼（Carl Kerenyi）[31] 談到童子神似乎帶有一種傳記上的意義，是身為人類的我們所不承認的。

我們似乎已經遺失了我們都擁有神聖本質的感覺。孩童的意象將我們帶至一個神妙奇幻之地；置身於此處能召喚出足以做出非凡功績的神力，即便他或她只是個孩子。

克服危險存活下來的劇情，出現在宙斯躲過被吞下肚的故事中，也發生在狄俄尼索斯被泰坦神撕成碎片又活過來的故事裡。在這些故事中，母親的角色通常都相當耐人尋味；她可能拋棄子女，她可能在孩子一出生就去世了，或是殘暴地被迫與孩子分離。關於宙斯誕生的故事有各式各樣的版本，在其中一個版本中，宙斯的母親瑞亞（Rhea）給宙斯的父親克羅諾斯（Kronos）一顆包起來的石頭假冒成初生的嬰孩，讓他吞進肚子裡。克羅諾斯對於注定要被一個強大的兒子給推翻的詛咒耿耿於懷，所以把所有出生的兒子都吞進肚子裡，以消滅所有的男孩。[32] 在另一個故事版本中，宙斯的姐姐赫拉將他帶到克里特島，並將他掛在樹枝上，如此一來在天上、地上或海洋中都不會發現他的蹤跡，也就是說，他的母親拋棄了這個童子神。在其他版本中，宙斯被隱藏在一個山洞裡，由蜜蜂餵養。無論如何，故事的主題都說到宙斯出生了、被母親拋棄了，[33] 將他留在大自然中自行求生。在一個版本中，宙斯被野獸養大，說明孤兒是離群索居的，在原始狀態的世界裡反倒自在。

榮格曾經問道，為什麼英雄——通常是孤兒——都是在非凡的環境下誕生，[34] 他認為，「……英雄不是像凡人一般出

生，而是從『母親─妻子』（mother-wife）中再重生。」在這個雙重母親的主題中，其中一個母親是真正的人類母親，另一個是象徵的母親；第一次誕生中，他成為一個真正的人，第二次誕生，則成為不朽的半神人。因此這個象徵暗示著不凡的出身，以及有潛能去追尋超越平凡的意義。養母可能是動物，像是養育羅穆盧斯和雷姆斯的母狼。我們也在基督教的洗禮中看見這一點，就是人以神祕的方式再次出生，從而分享了神性。[35]

　　神話故事和童話故事中的孤兒，在父母過世之後常常處在獨自一人的情境中，面臨各種可怕的毆打與苦難。然而，根據凱雷尼的說法，「在悲慘的孤兒困境中，一個神浮現了」。[36]是這個不幸命運的翻轉令人印象深刻且意義重大。是因為存活下來並且轉變成某種東西，才能為孤兒帶來更多成就和價值。然而，如果認為所有這樣的人都在尋找、或想要、或能夠有所頓悟，讓內在的神性顯現，這就過於天真了。馮·法蘭茲[37]在談到開放地迎接未知的陌生人時，便這樣認為。頓悟有時就這麼出現了。

　　我想到一位男士，他在八十三歲時因第一次心臟病發作而住院。當他在加護病房時，他的教會傳道人給他帶來了星期日週報，裡頭有一首天主教熙篤會隱修士多瑪斯·牟敦（Thomas Merton）在一九四六年寫的一首詩〈迦拿〉（Cana）。

迦拿

曾經我們的眼睛如正午般明亮，我們的房間
充滿了迦拿婚宴的歡愉：
因為耶穌來了，他的門徒，和他的母親來了，
在他們之後，歌手來了
還有一些帶著小提琴的人來了。

曾經我們的心思如加利利海，
我們的臉潔淨如天空，
我們的陋室洋溢太陽光輝。

我們的思緒進進出出，披著白袍
比上帝的門徒更白，
在迦拿擁塞的房裡，在迦拿的餐桌上。

我們似乎也不擔心酒會不足：
因為已經準備好，成一列，要填滿水和奇蹟，
我們見到我們屬世的容器，空空的等著。
那些不起眼的水罐預告著何等的酒！

孤兒：從榮格觀點探討孤獨與完整

酒是給那些，匍匐於蒙塵大地的人，

一直恐懼著，自從美麗的伊甸園起，如火炙熱的太陽，

仍嘟嚷著，在他們滿是塵土的嘴中，一個禱告。

給老亞當葡萄酒吧，在荊棘中挖掘！

多瑪斯・牟敦 [38]

　　兩週後他才讀到這首詩，當時他正待在心臟科病房，動完心臟手術在復原中。他感到沮喪，手術後的恢復過程中他又罹患肺炎並且出現腎衰竭。突然間，他想起了這首詩，並且讀了一遍。然後，一位年輕女護士走進來，看到他坐起來感到驚訝，因為他自從來到病房後，只是蜷縮在床上，面朝著牆壁，一點也不關心自己是死是活。他要求念這首詩給她聽，並且邊看著她的反應。他唸完之後，她說，「在我所有上過的主日學裡，我從來沒有聽過用這麼動人的方式說這個故事。」在那一瞬間，他被強大的情緒淹沒，開始無法控制地啜泣起來。

　　這個聖經故事，說的是耶穌在婚宴上把水變成酒所施行的第一個神蹟。對這位男士來說，除了讀詩之外，還要有一位給予確認的見證人，才讓頓悟呈現。這是他第一次，與自己有了接觸。他後來告訴我，他生長在一個讓他一直覺得孤單的家，他有一個大他八歲的姐姐，和在他看來對他做為一個人不怎麼

感興趣的雙親。他說他在房子裡打造了他稱之為「氣象站」的東西，能讓他知道他母親的心情現在如何，他就會知道該採取什麼行為來配合。為了保持關係，他必須知道對方的情緒狀態如何，而不是他自己的真實本性如何。由於那首詩的經驗，他開始接受治療，這讓他能夠面對自己真實的內在感受。

剛提到的這位護士，就如同馮‧法蘭茲[39] 在她的書《心靈的原型層面》（*Archetypal Dimensions of the Psyche*）中所提及的「未知的訪客」。這未知的訪客不知來自何方，如果有人敞開大門，那麼個體化過程就會開始。當然，面對這位未知的訪客，這如同神的來訪，是否與之開展對話，取決於我們對他或她的態度。而這態度接著便決定了這位訪客會帶來祝福還是災難。

這在《布爾芬奇神話故事選集》（*Bulfinch's Mythology*）中鮑西絲和費萊蒙（Baucis and Philemon）的故事裡，有所描述。故事提到，朱比特和他的兒子墨丘利來到弗里吉亞（Phrygia）這個宜人的國家。他們喬裝為疲憊的旅行者，敲門祈求協助，但被許多人給拒於門外。他們來到了一對結婚很久的夫妻鮑西絲和費萊蒙簡陋的家。這對夫妻不以自己的貧窮為恥，靠著節制欲求讓子日不致無以為繼，並且行善助人。他們歡迎這兩位陌生人，在一支桌腳短了一截的餐桌上為他們騰出位置，也生了火，開始準備燒飯，並給他們一些水梳洗乾淨。

餐具非常簡樸，但他們用氣味香甜的香草擦拭桌子，用他們現有的食材燉了一鍋料理。在這段時間裡，他們生氣蓬勃地與客人談天，表情友善，竭誠款待。

這對夫婦赫然注意到，壺中的酒一倒了出來，壺裡就自動變滿。當鮑西絲和費萊蒙認出了他們的客人原來不是凡人，震驚之餘，趕緊跪下為他們招待不周而乞求饒恕。然後他們表示要宰殺特意留下來守門的老母鵝，請求神接受這項獻祭，以榮耀神的名。這隻鵝卻十分靈活，難以捕捉。當神明白他們的意圖時，便禁止他們宰殺牠。

這對夫婦接著被帶到山頂，並被告知那些不友善的人將慘遭懲罰，但他們將被赦免。鮑西絲和費萊蒙親眼見到了整個國家，除了他們屋子以外，都被湖水給淹沒了。然後，他們看到他們的房子變成了一座神殿，有著鍍金的屋頂、大理石的地板、精雕細琢的門和金碧輝煌的裝飾。然後，朱比特要他們說出願望，他們在討論過之後說：「我們要求成為你這座神殿的祭司和守衛；而且因為我們在這裡度過了充滿愛和和諧的生活，我們希望兩人能夠在同一時刻同時被帶離人世，我不會活著見到她的墳墓，也不希望獨自被她埋葬。」[40] 他們的願望被實現了，當他們走到生命的終點時，變成了相互依靠的兩棵樹。

在這裡，我們與神有個人的相遇。在這個故事流傳的時

代，是父權秩序權力凌駕在人際間的情感（Eros）之上的時代，所以故事本身是對人所需的關係的一種補償。正如馮‧法蘭茲所說，「神總是不期而遇」，因為「祂們喬裝成未知的、不起眼的、難以辨認的訪客」。而這樣的相逢往往會發生在「當人們在宗教信仰的制式型態與觀點之外，**與神親身遭遇並建立起個別關係變得有必要之際。**」[41] 我們與他人的相遇有可能帶來意義，但我們必須敞開心扉，並願意為此遭遇敞開大門。

　　孤兒的誕生充滿著逆境，而人類孩子的真實生活也會反映在神話和童話故事中。也就是說，真的成為孤兒或是感覺像個孤兒而長大成人的嬰兒，都在非常早期就必須獨自一人過活，而此時是他們最為脆弱的時期，或者像先前討論過的，感覺孤單而不被看見。

　　存活下來，並非難事，因為我們生而具有適應能力；事實上，適應能力幫助孤兒存活下來。然而，倖存下來無助於一個人和自己已經遺失的真實本性有所接觸。遭受風吹雨打和各種迫害是孩童的命運，但這命運也成就了孤兒的勝利。便是這帶有象徵意味的孤兒狀態賦予了它意義，因為它表達了最原始的孤獨。

　　前面我們試圖將神話與人類連結起來，而這樣做其實相當簡化，因為我們實際上非常努力要停留在象徵的世界裡。

「世界告訴我們，在世界裡有什麼，以及世界裡什麼是**真實**的」，但是，「一個『象徵』則是……世界本身所呈現出來的意象。」[42] 孤兒童子神的命運是由宇宙生命演化而來，所以超越個人現象也是命運所定。

為了理解這樣的命運如何展現，研究童話故事將是十分有意思的事。在接下來講述的故事中，我們可以看到孤兒的象徵如何和個別的心靈之間有所關連。

原註 1　J. Rumi, *The Essential Rumi*, p. 109。譯註：魯米，十三世紀波斯人，伊斯蘭教蘇菲派神祕主義詩人。台灣將此書名翻譯為《在春天走進果園》。

原註 2　Jung, The Structure of the Psyche, *The Structure and Dynamics of the Psyche, CW 8*, p. 280.

原註 3　Jung, A Psychological Approach to the Dogma of the Trinity, *Psychology and Religion, CW 11*, p. 222 fn.

原註 4　Jung, Structure, *Structure and Dynamics, CW 8*, p. 281.

原註 5　Jung, von Franz, Henderson, Jacobi & Jaffe, *Man and His Symbols*, p. 67.

原註 6　J. Jacobi, *Complex/Archetype/Symbol in the Psychology of C. G. Jung*, p. 66.

原註 7　Schweizer, Personal communication, September 9, 2010.

原註 8　Mitchell & Friedman, Sandplay: *Past, Present and Future*.

原註 9　Jung, Child Archetype, *Archetype, CW 9i*, p. 273 fn.

原註 10　Jung, Child Archetype, *Archetype, CW 9i*, p. 278.

原註 11　Jung, Child Archetype, *Archetype, CW 9i*, p. 281.

原註 12　Muhammad: Legacy of a Prophet,http://www.pbs.org/muhammad/timeline_html.shtml, 93:6-8.

原註 13　Jung, Child Archetype, *Archetype, CW 9i*, p. 282.

原註 14　Jung, Child Archetype, *Archetype, CW 9i*, p. 273.

原註 15 Jung, *MDR*, p. 284.

原註 16 Jung, Child Archetype, *Archetype, CW 9i*, p. 287.

原註 17 Jung, Child Archetype, *Archetype, CW 9i*, p. 285.

原註 18 Jung, Child Archetype, *Archetype, CW 9i*, p. 287.

原註 19 G. A.Grynbaum, *The San Francisco Jung Institute Library Journal*, 19(4), pp.17-48.

原註 20 H. J. M. Nouwen, *The Wounded Healer*.

原註 21 J. Hill, *The Tristan Legend: A Confrontation Between Logos and Eros*.

原註 22 Hill, *The Tristan Legend*.

原註 23 Jung, Child Archetype, *Archetype, CW 9i*, p. 273 fn.

原註 24 Jung, Child Archetype, *Archetype, CW 9i*, p. 271.

原註 25 J. Jacobi, *Complex/Archetype/Symbol*, p. 96.

原註 26 Jung, Structure, *Structure and Dynamics, CW 8*, p. 80.

原註 27 Jung, Structure, *Structure and Dynamics, CW 8*, p. 84.

原註 28 Fordham in Sidoli & Davies, *Jungian Child Psychotherapy: Individuation in Childhood*, p.40.

原註 29 Jung, The Relations Between the Ego and the Unconscious, *Two Essays on Analytical Psychology, CW 7*, p. 266.

原註 30 C. *Kerenyi, Essays on a Science of Mythology: The Myth of the Divine Child and the Mysteries of Eleusis*.

原註 31 Kerenyi, *Essays*.

原註 32 Kerenyi, *The Gods of the Greeks*.

原註 33 Kerenyi, *Essays*.

原註 34 Jung, The Dual Mother, *Symbols of Transformation, CW 5*, p. 493.

原註 35 Jung, Dual Mother, *Symbols, CW 5*, p. 494.

原註 36 Kerenyi, *Essays*, p. 32.

原註 37 von Franz, *Archetypal Dimensions of the Psyche*.

原註 38 T. Merton, *The Collected Poems of Thomas Merton*, p. 93.

原註 39 von Franz, *Archetypal Dimensions*.

原註 40 *Bulfinch's Mythology*, p. 46.

原註 41 von Franz, *Archetypal Dimensions*, p. 59.

原註 42 Kerenyi, *Essays*, p. 45.

童話：小孤女

如同夢一樣，心靈在神話與童話故事中講述著自身的故事，原型的互相作用在「構成、轉化／永恆心智（Mind）的永恆再創」這樣的自然情境下顯露出來。

——卡爾‧榮格 [1]

童話故事讓我們有機會進一步檢視孤兒的象徵。童話故事讓我們可以看到類似於日常生活中所發生的心理歷程。此外，在榮格心理學中，童話故事是集體無意識的表現，因此，也對典型的人類問題展現了典型的回應。這些回應和表現來自於無意識裡的創意面向，因此很適合用來討論孤兒這個議題。童話是從主觀來予以解讀，就像單一人格的多重面向的象徵。

　　這是一個智利的童話故事。早期智利的歷史中，有很長一段是西班牙人和原住民阿勞卡尼亞人（Araucanian）之間的種族爭鬥，兩者在西元一五四一年首度遭逢。[2] 歷經數百年的爭鬥之後，這兩個族群終於在西元一八八四年達成和平的解決。智利在地理上，位於南美洲西部海岸介於安地斯山脈和太平洋之間，分為四個區域，剛好和四個傳統部落相呼應。這個童話出現的源頭，最有可能是在智利的南部。南部的環境屬於森林，開採煤礦的男性是民間故事中最主要的角色，就如同這故事中的父親一樣。

　　屬於原住民的阿勞卡尼亞人大致分佈在介於高地的印加（Inca）與阿茲特克（Aztec）文明，以及低地的狩獵採集遊牧部落之間。這個民族被認為出現過抵抗西班牙人的英勇領袖，而且儘管智利如今擁有龐大的歐洲人社群，他們依舊維持自己的文化認同。因此，他們有口述民間故事的傳統，並以與超自然接觸的故事而聞名。這個口述故事的民間傳統負有的功能

　　　　　　　孤兒：從榮格觀點探討孤獨與完整

包括，「在漫長的喪禮中、在從事諸如摘除玉米葉的群體工作中、在社交聚會中，可以用來娛樂大家，甚至是幫助追求者在愛情的冒險過程中鎖住心儀對象的心。」[3] 即便如此，這些民間故事還是受到大量天主教的影響，[4] 雖說其影響並未使這些故事喪失其原汁原味。

這個故事就是一般所知的童話類型第四三二號（Tale-Type 432）的「王子變成鳥」（譯註：是一種童話分類法，以不同的故事主題作為分類的標準，將世界各國的童話故事與傳說加以分類，又稱阿奈爾—湯普森分類法〔Aarne-Thompson classification system〕，簡稱 AT 分類法）。這位鳥戀人的故事多次在中世紀的文學作品中出現，特別是瑪麗·德·法蘭斯（Marie de-France，譯註：法國女詩人，擅長抒情詩，影響了後來敘事詩的創作）所著的《約磊克》（Yonec）中。這類的故事當時最可能盛行於文藝復興時期的義大利，今日則在地中海國家受到歡迎。奧爾努瓦夫人（Madame d'Aulnoy）於一七○二年在法國出版了這個故事，這個版本的故事便開始在斯堪地納維亞地區流行了起來。[5] 根據湯普森（S. Thompson）的說法，這故事在不同地方所傳述的內容，會有些落差——這故事在德國或其餘西北歐、不列顛群島或西斯拉夫國家都未曾收錄，然而在俄羅斯、印度和非洲都有一些版本。而北美洲從加拿大到新墨西哥，以及南美洲，都有一些版本。它被認為是一

個帶有超自然性質的常見民間故事。

它的主題如下：

1. 鳥戀人：一位變成鳥的王子飛到一位美麗的姑娘身邊，在她的面前牠就變成了人身。
2. 負傷的戀人：殘酷的繼母（姊姊）拿刀、用刺或是把玻璃碎片放在窗台上，讓他受了重傷。
3. 戀人痊癒：這位姑娘追隨著戀人，並在途中偷聽到動物或巫婆間的對話，說到可以如何治癒他。她便按照他們的指示治癒了他。[6]

其他帶有這類主題的童話故事，還包括了：〈綠鳥〉（The Greenish Bird）[7]、〈厄爾瑪斯的女兒〉（The Earl of Mar's Daughter）[8]、〈國王豆〉（King Bean）[9]。因此，這個故事遵循了一個共同的模式，我們的討論便針對這個模式進行。首先，先來說說這整個故事。

童話

小孤女

從前有一對夫妻，一輩子勤懇地在山區為一位非常富裕的

農莊主人採礦。這對夫妻有一個獨生女和一隻狗。有一天，妻子過世了，幾年後丈夫也跟著過世了，他臨終時囑咐女兒把他葬在農場後面妻子的身旁，並且告誡女兒不要告訴任何人她是隻身一人，這樣人們才會繼續尊重她。

　　一年過去了，最靠近的鄰居，一位母親和兩個女兒，她們終於醒悟這女兒是孤身一人。這時，有一天下午，房子裡出現一個聲音嚇了孤女一跳，「在妳的門內留一盆水，因為我想要陪伴妳。」她看了看四周，只看到一隻小鳥棲息在門前庭園的樹枝上。她很高興地答應並且留了一盆水。那晚當她躺下要睡覺時，她聽到小鳥在水盆裡洗澡，就在這時，一位年輕男子坐在她床上跟她說話。他表示隔天晚上還要來拜訪她，然後隨即消失了。第二天晚上的同一個時間，她在門邊放置了一盆水，然後上床等待著。這年輕人又來了，很快地他們成為親密的好朋友。他填補了她過去生活中的所有匱缺。

　　此時，隔鄰的女人們正在討論想要陪伴這個女孩，並順便不經意地看看她自己一人在那個孤獨的小屋裡做些什麼。她們給她取了一個「**小孤兒**」（La Guacha）的綽號。有一天下午，鄰居的大女兒踱步過來拜訪，即便小孤女努力拒絕她留下來，但還是白費力氣，因為她的鄰居乾脆鑽進她的床鋪準備過夜。這晚這女孩並沒有在門邊放置水盆。之後她感覺到小鳥的絕望，因為牠墜落到房間的地上。這寄宿者睡得非常香甜，

第二天早上回家向她的母親報告說：「**小孤兒**獨自一個人睡覺。」

「問題就在於你肯定是睡著了。」這母親回道。

「欸，當然啊，我忍不住嘛。」女兒抗議。

「那麼，今晚換你妹妹去，我們看看她會發現什麼。」

就像第一次一樣，妹妹迫使可憐的小孤兒讓她留下來過夜。女孩這晚也一樣沒有在門邊放置水盆。第二天當妹妹回家之後，也宣稱：「**小孤兒**獨自一個人睡覺。」但是她的母親絲毫不覺滿意，並命令她下次不能閉上眼睛。

第二次，訪客改變了拜訪的時間。由於女孩連續兩個晚上都沒有放置水盆，這次她放了盆水，希望能夠見到她的朋友，並告訴他發生了什麼事。在鄰居妹妹前往小孤女家之前，她的母親給了她三把鋒利的刀，說：「如果你在房裡看到水，你就必須起身，並且說你要去外面，然後把刀放在水盆裡。」

那晚，孤兒和她不受歡迎的客人像先前一樣去睡覺。就在大約黎明破曉的時候，鄰居女孩聽到鳥兒困難地拍動翅膀的聲音，她起身，並看到房裡和水盆濺滿了血。於是，她拿起她的刀，回家告訴母親發生了什麼事。

一陣子之後，當小孤兒醒來，看到了相同的恐怖景象。所有東西都沾滿了血。她當下發誓，不管走遍天涯海角都要找到她所失去的他。她把狗留下，穿上她父親的衣服偽裝成隱士，

出發踏上孤寂的路程，並隨身帶著一把屬於她父親的古劍作為武器。她下山時夜色降臨，所以她找到百合木（*patagua*，名稱源自阿勞卡尼亞的 *Crimodrendon patagua*，一種長著白花的樹）樹叢，並且爬進樹叢中作為暫時安身之處。附近有一個池塘，池岸有一些灰燼。

她想：「只有上帝知道是誰在那裡露宿，」心裡害怕附近是否有一群壞人。到了午夜時刻，有三隻鴨子出現，在灰燼中打滾，讓她感到非常驚訝。孤女認出牠們就是她那三個鄰居女人。她們生起火來並且坐下聊天。

小女兒開始說：「既然她的小鳥必然是死定了，你認為那個**小孤兒**會說什麼？」

母親回答說：「今天我在皇宮裡，皇后發佈了一個公告，說她會允許任何能夠為生病的王子治療的人進入皇宮。但是不會有人辦得到的。」

大女兒說：「媽媽，你一定知道治療王子和他的傷需要什麼。」

母親斥責道：「你真愛打探消息。本來我是不應該說的，但是我告訴你吧。只有用一根沾了我們的血的羽毛來治療他，王子才會恢復健康。但是，拜託，他什麼時候才拿得到啊？」

「我們該睡覺啦，」三隻鴨子異口同聲地說，「天快亮了。」然後牠們滑進水裡，呱呱地游走了。

小孤女馬上從樹叢裡爬了出來，並且帶著滿腔的復仇之心，一路奔回家。當她走進自己房間，並拿出一個非常厚的陶瓶時，天已經亮了。然後她直奔鄰居三個女巫的家裡，她們總是三個人擠在一張床上睡覺，她用劍砍下三個睡夢中的頭顱，然後用瓶子裝滿她們的血。在回家的路上，約莫下午三點左右，她坐在一塊木頭上略事休息。一個不知從那兒冒出來的老人向她走去，並且問她：「我的孩子，你要去哪兒呀？」

　　「我的父親生病了，我在找一些治療的方法。」

　　「他再怎樣也不會比王子病得更厲害，」老人回道，「你應該看看國王和皇后如何承受著哀傷。整個皇宮因他們的悲傷而變得陰暗。王子就在今晨瀕臨死亡，任何想去治療他的人都可以自由通行。」

　　一聽到這個消息，她猛然跳起來，開始跑了起來。路上遇見的每個人，她都氣喘吁吁地打聽：「王子病得很重是真的嗎？」她總是得到一樣的答案：「非常嚴重。他活不過今天了。」她在路上遇見一位小男孩，並向他詢問皇宮的位置。

　　小男孩問說：「你有給王子的藥嗎？」

　　她在筋疲力竭的路程中氣喘吁吁地說：「有的，有的。」

　　「那麼我們跑快一點吧，」小男孩說，「這樣妳或許可以在他還活著的時候抵達。」

　　最後當這女孩抵達皇宮門口時，每個人所見到的是身穿父

親衣服所偽裝的她，他們大聲地歡呼：「有一個老人在門口，帶來治療王子的藥方了。」他們通知皇后，皇后卻哀傷地說：「似乎沒救了，因為他現在幾乎無法呼吸了。不過，既然這是最後一個人，而且他這麼老了，就讓他進來吧。」

來到王子的床邊後，女孩用粗聲粗氣的男人嗓音說：「所有人都出去，讓我和王子獨處。」為了讓奇蹟發生在他身上，他們都服從了。她從外套拿出瓶子，用一根羽毛浸在血裡，開始治療王子的傷口，尤其是喉嚨的割傷，這傷幾乎要讓他的頭和身軀分開了。治療一開始進行，他的皮肉就癒合起來。奇蹟完成了，王子獲得治癒了。他在床上坐起來，直視著這個老人說：「老先生，你救了我。你想要什麼我都可以給你。」

小孤女說：「那不重要。我只要你手上的那只戒指作為紀念就好。」

接著，王子搖了搖床邊的鈴。皇后和所有的朝臣都跑著過來，因為這鈴只有在王子需要召集大家時才會使用。他們擠在門口，發現王子著好裝，而且傷已經治好了。就在這時候，這小老人在沒人注意的情況下偷偷地在人群中溜走了。唯一看見他的人是皇后，她說：「你絕不可以離開我身邊，因為我相信是你治癒了我的兒子。」

「皇后陛下，你可以將你右手上的那枚戒指賜予我作為報酬。」這枚戒指上有著王子的肖像。皇后立刻取下戒指，交給

這位老人。然後她興奮地衝去看她的兒子。皇后以為這位老隱士會等她，但是喬裝的孤女卻已經溜回她的小屋了。

幾天過去了，她實現她的誓言，每晚都放置一盆水，但是小鳥卻沒有出現。最後，她傷心地說：「他在生我的氣，這整件事完全不公平。」有一天晚上，當她聽到翅膀噗哧的聲音時，她充滿驚訝和欣喜。她睡覺的時候，將雙手放在胸前，兩只戒指戴在她的手指上。但是這一次，這年輕人拿著他出鞘的劍，抱著要為那些刀傷復仇的念頭來殺她。小孤女聽到吵雜聲，從床上驚跳起來，而珠寶的閃光吸引了王子的目光，他認出他自己的戒指，並且記起那是他送給老人的禮物。他立刻跪下來請求她的原諒，於是她告訴王子那些女巫的故事，那些女巫的屍體還在隔鄰屋子的床上裡等著被人發現呢。

她的清白得到證實之後，王子就帶著她回到皇宮，並得到國王和皇后的首肯，娶她為妻。這對新婚夫婦繼承了王位，而退位的國王皇后則繼續一起住在皇宮裡。小孤女與她的王子從此過著幸福快樂的生活。[10]

詮釋

我們從先前所提到的每一個主題，一一來討論這個故事。每個主題都會討論孤兒在個體化歷程中的象徵性呈現，最後並

做個總結。

鳥戀人

故事從一對已婚的夫妻開始，他們勤懇地為富裕的農莊主人在山區採礦。他們只有一個女兒和一隻狗。然後母親去世了，接著父親也去世了，她成了一個孤兒，也就是說，她現在沒了父母。這種孤單一人的狀態，在故事中並不是一種有利的處境。然後她聽到了一個聲音告訴她要在屋內留一盆水，她也欣然照辦了。於是，每晚都會有一隻鳥變成一位年輕人來拜訪她，與她做伴，並且填補了「她過去生活中的所有匱缺」。

因此，起初我們有一個完全獨自一人的女孩，沒有母親，因為她已經過世了，接著也失去父親，父親告訴她要把他葬在後院跟母親一起。父親告誡她不要告訴任何人關於她只有獨自一人的狀況。

從女性發展的角度來看，有三個層次顯而易見：第一個層次的想法認為，個人生活在父權統治的狀態下，女性不僅沒有受到應有的重視，反而變成是負向的，所以任務就在於將價值還給女性。第二個層次是孤兒個別的狀況，也就是個人的負向母親情結，下面會加以詳述，而其任務是要與女性面向建立連結。第三個層次則是個體化的歷程，這部分將在後面再行討論。

主觀地來說，這故事是在說一個女孩首先失去母親，因為母性的滋養不足，因此將會產生負向的母親情結。就像是一個孩子缺乏母親在情緒上提供適當的鏡像模仿（mirroring）和認可，在女童的狀況則是母親在身邊的時間不夠久，以致於她無法學習女性的道理。

　　當然，在這個故事中，我們不知道母親過世的時候這個女孩是幾歲，但是從我們所探討的感覺自己成了孤兒的角度來看，可以推測應該是發生在她很小的時候，身邊沒有其他正向的女性替代人物。當缺乏足夠的母性照顧，一個人就沒有辦法學習到情感、耐心，無法感知到自己存在於關係之中。當缺乏母親時，一個人就會失去信任，或是在關係中變得天真。

　　然而，她有一段時間還有父親在身邊，她有父親陪伴的時間比母親還要久。從父親那邊，我們學會如何走向外面的世界，因為陽性是引導向外在世界，並採取一種態度，但是父親告誡她切勿讓任何人知道她是獨居的。因此，他傳達了一種保護的態度，讓人懷疑她是一個聽從爸爸的女兒，過著單一片面的生活，獨自生活而缺乏他人可以互動。事實上，這父親給了孩子一個內在的架構；這就是自我的發展，說明著你並不是無助的，而是能夠為自己做些什麼。一般來說，父母對孩子的用處即在此。母親賦予孩子情感的基調及在關係中的感受性。如果擁有一個還不錯的父親，那麼個人就能夠內化傳統、意識、

道德、攻擊性，並且有建構外在生活的能力；這是一種表達意願的能力。內在父親意象的特質後來會轉變成一種阿尼姆斯的樣貌，就是她內在的男性意象。然而，在集體的層面上還有一個父權的文化，使得她服膺於男性面向而非女性面向。

成為孤兒的感覺是如何匯聚成形的呢？就如同先前所提的，在這個故事中，因為這孩子和母親相處的時間極為短暫，因此她的母親情結是負向的。母親缺席則更為負向，因為母親是早期發展過程中的第一個照顧者，而父親通常是屈居第二位。女性認同的強度不足，而這便是她需要成長的地方。在故事中，她和父親有很強的連結，因為她聽從爸爸的話，並且和他很親近，因此任務就會是要發展她的陰性特質。她需要發展她自己的認同、真正的自己，並離開她的父親。

從孤兒這個單一的個人來看，數字一很重要是因為它擁有一個特別的位置。根據榮格[11]所言，「一根本不是一個數字，第一個數字是二。二之所以是第一個數字，是因為有了它，才會開始有分離和倍數，光是這樣就能夠進行算數了。」因此，第二和第三對一個人的發展而言是重要的，因為根據榮格的說法，「最終的個體化有兩個主要的面向：首先是一個內在而主觀的整合過程，其次它是一個同樣不可或缺的客觀關係的過程。」[12] 當我們談到數字三的象徵時，會讓這一點變得更清晰。

一切似乎都很順利，她繼續住在父母的房子裡，然後她聽到一個聲音要她在屋內留下一盆水，她照做之後，一隻鳥就變成一個男人與她相伴。在榮格心理學中，這聲音可能代表了來自無意識裡的訊息，表示自我的功能必須要有所成長了。「這是來自無意識的衝動，導致神經質的不安，試圖讓孩子進入更高層次的意識，從而建立更堅強的自我情結（ego complex）。」[13]

　　這個機會是來自於內在陽性（阿尼姆斯）的聲音，催化了她和無意識間的關係，但是這經常驅使我們進入冒險，好讓成長可以發生，雖然同時可能會有很多痛苦。這盆水意味著讓這過程發生的涵容（container），讓她在其中可以更加靠近生命之水，並且更貼近真正的自己。

　　然而，事情是發生在夜晚，所以這仍然是在無意識的領域裡。為了要提升意識，更進一步的事必須要發生，這就是鄰居的造訪了。這些女人代表了負向的女性特質，並且闖入了她的生活，但是她並不信任自己的感覺，因此讓她們進到屋內，沒有意會到會發生什麼事。不過，為了促使她成長，這些不速之客是必要的。

　　這些女人呈現出了陰影的面向，或許是代表對女性面向缺乏信任。負向的母親在故事情節中說所有的男人都是壞的，而且這些女人心懷著嫉妒。嫉妒和羨慕會在負向的母親情結中出

現。例如，在這個故事中，不相信獨自一人也是會開心的。鄰居似乎無法讓這女孩獨自平靜地生活，她們感到好奇，並且闖入了她的生活。這在個人情結和集體的情結都是如此。在父權文化中，女人會嫉妒男性和男性的權力；至少會想要擁有和男性相同的權力。每當女性面向不被允許去營造關係的時候，就會有嫉妒和批判出現，接著就扼殺了愛慾。也就是說，不斷和人爭吵是不可能建立起關係的，必須要有信任和連結的元素才行。

這個故事裡，在愛情和關係中是缺乏信任的。故事中的鳥是浮現出來的一個正向精神，這是一種即將湧現的精神直覺，同時小孤女無法一直停留在父親的女兒角色，因為她需要長大。除此之外，還有由鄰居所展現的負向的母親，她們懷疑且帶著惡意試圖找出這小孤女究竟發生了什麼事。她的行動帶著確信、冷漠並缺乏與人的連結，這些是負向的阿尼姆斯的典型例子。一個人可以有和父親有關的阿尼姆斯，一個帶有強烈價值的阿尼姆斯，但這卻不是一個人自己本身的精神。小孤女必須發展她自己的精神，自己的存在感，而不是她父親的。然而，讓自己的人生向前進並不容易，特別是當一個人在母親過世後與還在身邊的父親非常親近且相依為命。父母會在某個時刻過世，我們會有哀悼失落的時刻。當這個時刻來到時，同時也提供了成長的機會。

我認識一個中年女性，她在十歲就失去母親。那個時候，她的父親向她宣布：「從現在起，我們要一直相依為命了。」雖然這一方面來說很令人安慰，但也隔絕了她的生活，因為直到父親過世之前她都依然忠於這個約定。事實上，她曾經愛上一個男人，但是她的父親不贊成，還批評對方的歐洲血統。她無法反抗父親的意思。只有在父親過世後，她的孤兒原型經驗以及因此而生的痛苦，才讓她尋求如何面對真正的自己，以及她要怎樣過自己的人生。

　　為了要跟父親分離，個人必須發展自己的個人存在，而非單純依靠父親的態度。正向的父親有可能會變成負向的，就是如果這女孩本身太過於僵化，例如太過於循規蹈矩。因此，重點便是改變和轉化不適用於她的價值，並發展她個人的靈性。我們可以從父親的意象中學習到如何在這個世界上保護自己，然後對新的架構和新的關係開放自己。所有這些都必須建立起來，並以她個人的方式展開。但是，就如同我們在這個故事裡所看到的，這並非一件容易的事。

負傷的戀人

　　孤兒必須學會在思考上更有批判性並且具有信心。這是一個關於正向的父親與負向的母親情結的故事，因此她必須治癒她的阿尼姆斯，並且擺脫負向的母親情結。只有這些女巫的

血可以治癒阿尼姆斯；這是在呼喚做出犧牲。在某些方面，她面臨轉化的挑戰，但卻帶著疑惑。當我們面對新事物的挑戰，必須尋找新的行事方式時，往往就是這樣。舊有的方法行不通了，但是我們也不確定新方法是否管用。有時候無意識是模稜兩可的；無意識希望她轉化，但是同時也希望她繼續留在無意識狀態裡。也就是說，自體（self）奮力朝著完滿前進，但卻極度仰賴自我的態度；如果自我不願意合作，個體化就不會發生。我們可以從那些經歷過早年傷害的人身上看到這狀況，他們因為自我不夠堅強，以至於無法踏上這樣的旅程。

鄰居的女兒們強迫孤兒照她們的意思做，而她無法拒絕，因此有一部分的她是乏人照顧的。鳥兒拍著翅膀，卻無法和生命之水有任何連結。不過，在第三次造訪時，小孤女要轉化的挑戰越來越大。因此，女巫的女兒在水盆裡放置三把鋒利的刀子；於是這隻鳥受了傷，而房間和水盆都濺滿了鮮血。

數字三在這故事中很重要；有三位女巫、三把刀，以及她在三點鐘的時候略事休息。數字三是一個性質很特別的數字，因為「一」（One）和「另一者」（Other）形成一種對峙狀態，從中才會有第三者出現。榮格[14]這樣描述著：「然而，每一次對立的緊張達到頂點然後便釋放，從而出現的就是『第三者』。在這第三之中，對峙的張力已經解除，失去的統一也得以恢復。『三』的出現因此成為適時出現的發展歷程的同義

詞。」所以，「從一得出二，但是在這二者的配對之中，第三出現了。」[15] 因此，三帶入了一個指示方向的元素，並作為一種動態過程的象徵。[16] 依據榮格的觀點[17]，這種三元的形式代表了心理能量的流動，意味著與時間和命運的連結。故事在這個時間點上，似乎有某種東西想要浮上意識了。

在個人的心靈中，自我與自性之間的連接被切斷，然後阿尼姆斯受傷了。直到此刻，這女孩一直都與她的夜間鳥戀人過得非常快樂，但是這樣真的不會有任何進展，於是這個頗為矛盾的結合需要面臨挑戰以讓其有所成長。作為一個孤兒，她被召喚要走得更深入一點。

因此，女性必須進入到她的無意識深處，以發現該如何轉化。她發誓要走遍全世界直到找到她所失去的人。這展現了這場挑戰所要面臨的強度。

無意識蘊藏了豐富的能量，而通往意識的每一步都是一場奮鬥。自我處於中間，為意識的中心，但並非意識本身。無意識是初始的存在狀態；我們生來就在無意識中，然後自我才發展出來。即使我們大多是無意識的，無意識卻是我們生命的能量來源，因此，走向意識的每一步路，都會從無意識中剝除掉一部分的能量。如果說無意識為天然的狀態，那就很清楚為何要經過奮戰才能獲得意識了。無意識有時候會幫助我們更加覺察到生活所需為何，但是處於無意識也意味著單獨而沒有自我

來確認自己有這股力量。於是,留意這些來自無意識的訊息是極為重要的,因為整合是可能發生的。

自我與自性必須相互對話以提升覺察。在意識面會有評價,這是來自靈魂想要變得更具意識的關切。因此,如果人不繼續為此努力,這份讓個人潛能發揮到淋漓盡致的創造性能量就會消失。

戀人痊癒

在這個故事中孤兒離開家,穿著父親的衣服裝扮成一個隱士,然後踏上「孤獨的道路」。這趟旅程是孤獨的,因為她只能夠單槍匹馬前往。她帶著父親的劍,這把劍代表獲得更多鑑識力量的潛能,因為她過往太天真了。穿著父親的衣服來偽裝,意味著她必須以父親所給予她的人格面具上路。夜晚來臨,她爬上一棵長著白色花朵的樹;樹是自己的象徵,白花則與女性面向有關,強調出與她的女性本質接觸的意涵,因為她現在正置身於大自然(Mother Nature)中。

午夜時分,三隻鴨子出現了。午夜被認為是上帝出現並驅散惡靈的時刻。[18] 這是她必須面對自己內心惡魔的時刻,並且學習與自己更加親近的祕訣。

現在偽裝成鴨子的三位女巫,實際上是在誘使她走向意識,對於她回到自己與阿尼姆斯的關係形成一種挑戰。鴨子是

能夠在陸地、水裡、空中穿梭自如的動物，所以是一個非常重要的象徵，而這些鴨子在火堆前的灰燼中打滾，意味著需要進行某種轉化。那裡有火焰所象徵的能量，所以現在這女孩擁有一個選項，可以在和自己的自性有所連結的情況下生活，並且創造生命的能量。因為三位女巫轉變為鴨子，這可能意味著鴨子在這故事中是女性的象徵，因此，她必須從女性面向才能學習到可以讓她進入一份真實關係的祕訣。

在這裡，相同的兩極性存在於母親的原型中。這個原型有正向和負向的面向，所以必須要被轉化，而且這與負向能量的犧牲有關。她將這份破壞性的能量轉化成治療之方。具體而言，就是她必須殺死這三個女巫，只有從她們的鮮血中才找得到救治方法。也就是說，她必須犧牲負向的態度，才能觸及療癒面向。這要在神的幫助下完成，也就是榮格在《心理學與煉金術》（*Psychology and Alchemy*）所說的「臣服於神」（Deo concedente，譯註：煉金術語，為拉丁文），他說：「我們被告知，人只有透過神靈的啟發，或是從上師的口中，才能獲得神祕的知識。而且，除非得到神的幫助，否則沒有人能夠完成這項工作。」[19] 這不僅是保有自我的力量，也是在維持自我和自性之間的關係。

身為一個孤兒，她是脆弱且願意接納無意識的，而且，既然她有接納的能力，那麼她就有展開個體化歷程的可能。和其

他人相較之下，孤兒是更加孤單的，因此他們所發展出來的內在父母，就不同於其他有真實父母的人所擁有的內在父母。也就是說，沒有引導和方向，甚至缺乏人給予這些，因此一個人極早就得要依靠自己或是尋找替代品。如同第四章所提到的，佛陀有超自然的母親，而默罕默德是個孤兒。這故事中的小孤女就像摩西一樣，被個體化歷程的可能性所呼喚著。

她所學到的祕訣是，一定要犧牲她那種片面法則的生活方式；她以為只要盡到每天把水盆裝滿水的責任，男人就會出現，便是這種生活方式的明證。我們很容易期待有個伴侶來滿足自己的需求，覺得只要做了我們認為需要做的事就行了，然而這並沒有考慮對方的感受。她的生活缺乏愛慾，而他給她帶來了帶有性慾色彩的生活，但是她得要成長為成熟的女性才行。然而，他是一個鬼魅情人、是個影子情人。如果一個女性愛的是鬼魅情人，她就被沒有生命的魂魄所附身，而為了要全然地活著，她必須和真實的男性接觸，而不只是精神上的戀人。和一個情感匱乏的人墜入情網就會有這難處，因為這樣的人不可能和他人有份真正親密的關係。

下列的幾個問題就很重要：這個人迷人的地方是什麼？讓我如此深愛這個人的是什麼？知道我們在他人身上看見或聽見哪個部分的自己，是非常重要的，所以問題就變成：「我也有這個部分嗎？」如果我們誠實的話，答案就會是：有一部分的

自己並沒有充分活出來，而解決之道就在於如何讓這部分活過來。這是必須單獨完成的事情，人需要放棄對他人索求，而我們的自性必然對此加以贊同。這個意思就是，要清楚看見他或她在你身上代表什麼。將伴侶當成是一個人而不是神，我們才能學習。當然，其他的奧祕也是需要的，也就是說，在他人身上看見神。基本來說，原型與世俗之間需要取得平衡，所謂世俗指的是現實生活中被我們賦予投射的人。

療癒是藉由羽毛帶來的。治療傷口的羽毛是直覺的一部份，與她內在受傷的心靈有所聯繫。這是處理負向母親的方法。這項微妙的直覺不能太粗糙，於是以羽毛來象徵。靈魂是脆弱的，所以這裡不應有權力情結涉入。因此，這項工作並非由自我來進行，而是由代表無意識中某種敏感事物的羽毛來給予療癒。她必須付出很多的生命能量，以拯救她內在的王子；這就是正在進行的情結的轉化。

現在她停下來歇息，然後數字三又再度出現，這次以時間展現，再次代表一股意味著有些東西需要被意識到的動力。她現在知道王子傷得多重，因此在老人的協助之下她衝往皇宮，老人是一個在靈性上協助她的老父親原型，同時也是發展中的內在陽性面向。

那件外套意味著她必須以父親的權威來偽裝自己。所以她依然在偽裝成一個老人狀況下，被允許進入皇宮，但是她要

大家離開，讓她單獨救治王子。這個療癒需要以關懷來進行，而透過這種關懷，現在得以與受傷的阿尼姆斯發展出正向的關係。

治癒之後，她並未承認對王子的愛。這是一個需要保守的祕密，因為它需要保護和時間來發展。如果一個人正在演變和變化，就需要一些保護，以便獲得充分的時間來發展。假設你告訴其他人你正在這個歷程中，可能會引來他人的嫉妒和羨慕，致使個體化的精義反而不為他人所稱許。這過程必須在「密封的細頸瓶」（the vas Hermeticum，譯註：這在煉金術中是一個密封的玻璃容器，是神祕轉化發生的地方，包括對立的整合，榮格視該容器為治療關係的表徵）裡進行：不需要公然在眾目睽睽之下進行，也不需要讓母親情結知悉。

孤兒沒有接受住在皇宮裡的酬賞，取而代之的是從皇后與王子手上各自拿走一枚戒指。戒指象徵著未分化的整體，它仍然需要與某人連結。她尚未與王子連結，所以她返家去等候，因為王子仍然有自己的事情要處理。他基於自認為她對他所作的事，所以前來向她報復，這表示他也有個負向的母親情結。直到他認出她真正的面貌，而不是他以為的那個吞噬人的母親，真正的關係方能夠發生。一旦認清了他們真正的面貌，而非彼此所設想的那個人，他們才能夠在婚姻中結合。

結語

　　小孤女旅程的高潮，在於了解到她是神聖計畫的一部份，而這需要花費時間才能發現。母親的死亡，陰性面向的死亡，在她和父親的經驗核心中留下一個巨大的空洞。接著父親死亡，留下她天真地面對這個世界。她旅程中最後的任務，是不將那個空洞和天真狀態視為一種空無，而視為一個充滿潛力的宇宙。她必須學會信任夜晚的黑暗，而且必須在自身靈魂的靜默中跟隨自己的感受，允許自己由內在來引導，而不是一昧地衝向意識的各種典範；陰性面向越來越覺醒，並且在與他者的真實關係中展現。信任陰性面的指引，讓她對全然的非理性和全新事物開放。她和異類（otherness）的關係、和她的阿尼姆斯的關係，釋放了她的創造力。

　　隨著父母的過世，她不得不離開無意識的伊甸園。倘若她在這時結婚了，她的存在將會是空洞的，因為她的個人人生未曾存在過；她與自身的創造力是不會有連結的。榮格說：「對命運的恐懼是非常容易理解的現象，因為它是無法估算、無法測量、充滿未知的危險。然而任何拒絕體驗生活的人，都必須遏制住其活著的慾望。」[20]

　　孤兒被召喚著踏上這樣的旅程，但是她需要一個夠堅強的自我才能夠與無意識對話。這故事再次確認孤兒的個體化召

喚，她不得不離開一個可預測但又死氣沉沉的模式，然後開放自己面對各種可能性。她必須藏在父親的衣服裡面，直到她能分辨哪些東西是屬於她的、哪些不是，直到她能辨認出在她內心攪動的靈魂為止。她選擇用關懷和溫柔來照顧自己受傷的部分，然後耐心地等著從自己的內在找到意義。與內在男性（陽性面向）的約定給了她一個堅定的立足點，這樣她才能夠更安住在她的感覺和身體裡。如此一來，她便不再被束縛在父母情結的僵固世界中。

榮格說：「它〔個體化〕不僅是人所想要的，也絕對是不可或缺的，因為透過他和他人的混合，他陷入了某種處境中，並做出一些行為導致與自己的不和諧。」也就是說，他或她以與本性相反的方式行動，於是「一個人既不能夠與自己和睦，也無法為自己承擔責任」。[21] 對於孤兒來說，不再被這些父母情結所束縛，耐心地從內在完成陽性和陰性面向的整合，並看重他人的獨特性，就是一趟英雄之旅。

這個故事是普世性的，並且在許多文化中都看得到。這似乎在講述父權文化裡陰性面向的補償機制，也就是父權的集體態度的一種轉化，特別是朝向擁有女性情感價值並與之更加連結的一種轉化。這種轉化持續存在於現今許多文化中。

到目前為止，我們已經看到了孤兒的歷史背景、心理上的孤兒、孤兒的象徵，以及童話故事中的孤兒。孤兒是孤獨的，

然而潛在著受到召喚朝向更大發展的可能。孤兒要如何在自己
內在以及周遭世界獲得協調呢？

原註 1　Jung, The Phenomenology of the Spirit in Fairytales, *The Archetypes and the Collective Unconscious, CW 9i*, p. 400.

原註 2　Y. Pino-Saavedra, *Folktales of Chile*.

原註 3　Pino-Saavedra, *Folktales of Chile*, p. xxxv.

原註 4　Pino-Saavedra, *Folktales of Chile*.

原註 5　S. Thompson, *The Folktale*.

原註 6　A. Aarne, *The Types of Floktale*, pp. 146-147.

原註 7　A. Paredes, *Folktales of Mexico*.

原註 8　K. Briggs, *A Dictionary of British Folk-Tales in the English Language, Part A, (Vol. 1)*.

原註 9　S. Thompson, *One Hundred Favorite Folktales*.

原註 10　Pino-Saavedra, *Folktales of Chile*, pp. 81-85.

原註 11　Jung, Dogma of the Trinity *Psychology and Religion, CW 11*, p. 180.

原註 12　Jung, The Psychology of the Transference, *The Practice of Psychotherapy, CW 16*, p. 448.

原註 13　von Franz, *The Feminine in Fairy Tales*, p. 20.

原註 14　Jung, Dogma of the Trinity *Psychology and Religion, CW 11*, p. 180.

原註 15　von Franz, *Number and Time: Reflections Leading Toward Unification of Depth Psychology and Physics*, p. 103.

原註 16　von Franz, *Number and Time*.

原註 17　Jung, *Children's Dreams*.

原註 18　G. Jobes, *Dictionary of Mythology Folklore and Symbols, Part 2*.

原註 19　Jung, Religious Ideas in Alchemy, *Psychology and Alchemy, CW12*, p. 450.

原註 20　Jung, The Song of the Moth, *Symbols, CW5*, p. 165.

原註 21　Jung, The Relations Between the Ego and the Unconscious, *Two Essays on Analytical Psychology, CW7*, p. 373.

作為原型與情結的
孤兒

　　原型，作為一種神聖的因素，以似乎預先就存在
的知識，或彷彿已經擁有一個會受到聚集過程所限制
的目標，來決定組構過程的性質及其所遵循的路線。

——卡爾・榮格 [1]

獨自一人在這世界上的感覺，是多面向的。這些經驗可以包括：實際上失去雙親的孤兒；即使有父母卻感覺自己是個孤兒的感覺；以及／或是因為任何理由，被迫置身在朝向完滿或成為一個個體的歷程中，因此要展開一趟孤身上路的旅程。此外，原型也可以在沒什麼明顯原因的狀況下被激發。我們已經看到文化背景如何提供刺激而激發孤兒情結，或是提供讓孤兒原型受到察覺的工具，以及個人經驗如何導向成為孤兒的感覺。當這些跡象層出不窮時，我們就再也無法忽視了。我們現在到這個節骨眼了嗎？在現今科技的環境中，我們是否因為虛擬的關係而忽略人與人之間的接觸，因而需要取得平衡呢？

　　孤兒情結受到激發，意味著召喚人們更往前邁進，去檢視生命並掌握讓完滿得以發展的潛能。這與個體化歷程並非相違背，反而是召喚人進入這趟旅程的一種方式。

　　榮格認為，讓人了解無意識的唯一方法是透過情結，情結是「無意識心靈的生命單位」。不同於佛洛伊德認為夢是通往無意識的皇家大道（via regia），榮格認為情結才是，情結「是夢與症狀的建築師」。[2] 情結具有原型的核心，由集體無意識發散出來，而且可能自主地發生。

　　孤兒可能來自當時文化所熟悉的狀態，但部分也歸因於個人的天命或命運。「由於原型……相對是自主的，它們無法單純透過理性方式來整合……而需要真正與它們達成協議……」

³榮格強調在嘗試進入集體無意識之前，要先了解自己的立場並堅持「……牢靠地固著在土地上……」。⁴ 個人的分析治療對於讓人穩固可能至關重要，因此在治療的初期了解心理的孤兒也就很重要，並且要優先處理個人素材。

孤兒情結可能來自於與人的互動或是周遭的環境，以及出自與母親之間的依附關係不足或受到破壞而導致的早年傷害。此外，有某種特定的命運會在這樣的母親和這樣的嬰孩相互接觸時開始凝聚成形。就某方面來說，母親是「命運的代言人，這也是身為一個母親最大的悲劇之一」。⁵ 因此，情結的激發可能是對個人經驗的一種反應，這部分將在本章後面再說明。然而，這並非是具有原型核心的情結可能受到激發的唯一方式。

榮格說：「生活中有多少典型的情況，就存在著多少原型。」首先，這些意象的形式不具備可以代表某種認知與行動可能性的脈絡，「當某種情境發生時呼應了某種既有的原型，那個原型就被激發了……」⁶ 榮格在晚年最後的某封信件中提到：「原型是擁有不同面向的形式，展現出富有創造力的心靈背景。它們具有神奇的性質，所以一直都會是如此，因此也是『神聖的』。所以我們能夠以非常概括性的方式，以創造者的屬性來定義它們。」⁷

再者，馮・法蘭茲討論了時代精神（zeitgeist）改變的重

要性，而時代精神是建立在集體無意識的創造性過程上。白日的事件不過是集體無意識的指引。在此，「……自性的象徵（即每一段歷史中的神人〔god-man〕和神的意象）自發性地轉化，在建構歷史事件上佔有一席之地……」[8] 我們能夠理解這就是一個可能由命運、法律或意義所主宰的現實。為了說明這一點，我將重述《薄伽梵歌》（Bhagavad-Gita，譯註：《薄伽梵歌》為印度三大聖典之一，出自史詩《摩訶婆羅多》其中一篇，為印度最著名的宗教哲學詩篇）中的一篇故事。

《薄伽梵歌》說明了個人生活和維護宇宙、社會及個人的道德秩序之間所面臨的道德危機。這份神聖的文本記載在印度戰爭史詩《摩訶婆羅多》（Mahabharata）中，其印度教的背景認為是非對錯並非絕對，而是由相對的價值觀與義務所決定。[9]

梵歌的主題圍繞著印度北部古王國古魯格舍德拉（Kurukshetra）的繼承爭鬥，兩對堂兄弟之間為爭權奪位而開戰，史詩就此開展。身為堂弟的阿周那（Arjuna）即將宣戰，但是他思及可能要斬殺許多他至親至愛卻又身在敵營的人，就讓他感到沉痛。黑天神奎師那（Krishna）是毗濕奴（Vishnu）的化身，也是阿周那的指引，而祂的主要目的在於說服阿周那要帶著清晰的意識進行戰鬥。

奎師那開頭的論點在於，即使可以將肉體殺死，但靈魂是

無法殺死的，因為靈魂是永恆的，而且由於戰役中被殺戮而死的戰士們，其靈魂會直接進入天堂，所以實際上這是在為他的族人效勞，讓他們得以擺脫血肉之軀。接著，祂繼續說道，拒絕戰鬥是違反他所屬的種姓階級的律法（dharma）；最後，他會被他的敵人指控為因為害怕因而退出戰爭。如果他能完成這場戰事，他絕不會失敗；因為如果他被殺了，他將會直接進入天堂，倘若他打了勝仗，那麼他就會繼承這片領土。

阿周那對這些主張一點都不感興趣。因此，奎師那向他說明，即便是投身於戰鬥中的戰士，依舊能夠贏得最後的自由，這可以藉由與個人自己完全分離而達成，這種分離是永恆的，所以無需為短時片刻間的行為負責，因為行為是出自於短暫的軀體。這個目標乃是為了讓靈魂回到不受時間羈絆的本質。

因此，英雄體現出秩序與神聖的責任法則（duty-dharma），而其對手則體現出混亂狀態法則（chaos-dharma）。英雄主義就是真正地實現個人之律法，「……這可能涉及超乎尋常的犧牲、懺悔、對神聖權柄的效忠，以及在靈性上戰勝邪惡……」[10] 這雖是一場阿周那所面對的戰爭，同時也代表了阿周那內在的衝突。他如何能在殺死親人之際卻又覺得是件好事？最終，阿周那與那位要求完全效忠於祂的神明奎師那展開對話，然後阿周那看見自己映照在神性的光輝中，這使得阿周那獲得超越個人與社會價值的覺察，並且認清他若要

過得真實——在更大的意義上忠於他的職責，就必須活出自己的命運。當一個人感受到集體價值的牽引時，忠於自己的命運是很難的事，但如果我們要過著有意識的人生，這卻是必需的。在這部詩歌中，死亡指的是軀體的死，但在現實中，死亡可能不是指真的死去，而是指在心理上的放手並繼續前進。

像榮格一樣，這部梵歌鼓勵人們不要僅是接受一份非信不可的信仰，而是要活在體驗之中。神是因為阿周那的全心效忠才向他顯現，解決了世俗生活的職責與獻身於更崇高意義二者間的衝突。阿周那所見的是宇宙崇高的秩序，其中也包括了毀滅，也了解到他戰鬥的責任最終是與奎師那的神聖作為相連的。以下就是奎師那揭露他身為宇宙萬物的創造者與毀滅者的驚人身份：

隨著時間，我老了，
所創造的世界毀滅了，
開始
摧毀這個世界；
即使沒有你，
所有這些戰士們
排列成敵對的隊伍
將不復存在。

因此，開戰吧

並且贏得勝利！

征服你的敵人

並履行你的王權！

他們已經

被我殺害。

就成為我的工具，

弓箭手為我效勞！[11]

　　透過這部詩的對話，顯而易見的是，若要遵循個人的律法，或如榮格所說踏上個體化的道路，並非易事。事實上，榮格說道：「我告訴過你，我們不可能涵容自己所有內在的心理，總是會有某部分的自己，不可避免地會投射出去。這就是為什麼我們需要其他的人類、需要其他的客體的原因；如果全然的毫無牽絆，生活將沒有任何意義，我們只有在社群中或在一份關係中才是完整的。」[12] 對於有孤兒情結的人來說，這意味著他必須培養關係，以便讓進一步的發展產生。

　　榮格取向分析師安德烈‧施韋澤爾（Andreas Schweizer）將這個原型的內在心靈經驗比喻為心靈的地震，它出乎意料之外地來臨，帶著它所造成的徹底孤獨或被遺棄的感受而來。無論是誰不得不經歷這種衝擊，一定會在生活中變得富有創造

力；如果沒有，罹患嚴重的精神官能症就會是個人所付的代
價。[13]

接下來將描述孤兒情結的經驗，然後以孤兒情結的故事進
一步詳細闡述。

孤兒的經驗

一位雙親亡故也無子嗣的四十七歲女性，在她的自我反
思中便可見到，即便父母依然健在時，覺得「我是孤兒」的感
受就已經存在了。雖然結了婚，但是她覺得在這世界上孤單
一人。在她成長過程中雙親都健在，但是母親在她六週大的時
候就回到工作崗位，而和我們的討論最相關的，是母親對父親
的憤恨，因為在孩子出生後，父親不再一心一意專注在她的身
上。當夫妻關係中有了小孩以後，這是一種典型的感受，但是
由於這對夫妻無法討論這點，母親的情緒就停留在無意識的狀
態，並對後來母嬰之間的溝通產生影響。結果便是，孩子很可
能覺得從未獲得母親無條件的愛。這位女性對於在這世界上孤
單一人的感受做了以下的描述：

我並不寂寞，但是我很孤單。我想要有人在身邊，但是
我不想非得為此付出任何東西，或是承擔任何要求。別人的存

在對我來說很重要。然而，當我和朋友、同事或親戚在一起的時候，我覺得他們沒有真正看見我。即便我沒有表現出來，但是我的內心感到生氣與煩躁，因為我害怕斷絕了他們以我需要的方式回應我的可能性。但我不知道那會是哪種方式，現在我只知道什麼都覺得不對勁。當我和其他人交談時，總帶著空洞的感覺離開。為什麼我要費神跟這樣的人互動，我並沒有因而比較好，他們八成也是。事實上，他們到底為什麼要跟我互動呢？如果他們能夠看到我對他們真正的想法，他們肯定會想要避開我。這種在世界上如此孤獨的感覺無處不在，我無法動搖它，它總是伴隨著我。

我對周遭的人來說是個陌生人，即便我可能和他們在一起生活很多年了，或是和他們一起經歷過強烈的感受。我總是在找尋最終極的互動，找尋那位可以滋養我並且滿足我所渴望的人。我不能切斷任何的可能性，因此，我發現自己做了一些或許我根本不會做的事情，要不是我被這種希望獲得某種東西可以支撐我並翻轉這種感受的可能性所驅使的話。

然而，我所做的只是表面的互動。這樣還不錯，看起來像是善解人意，我微笑著，一切似乎都很好。我背地裡想著，有可能如果我和這個人在一起就會感覺好些，也或許他們會說一些話或做一些事讓我感覺好些。但是即使他們給了我了，卻還是不夠。從我的角度來看，這種互動是虛偽的，憤怒便在我

內心滋長。孤單感覺依舊，而且煩躁感和憤怒並沒有離去。我想哭，但是不會有人聽到我的啜泣，不會有人了解我真實的感受。我的哀傷無法撫慰。我好孤單。

她的渴望是千真萬確的，而她想要與他人建立親密關係的欲望讓她受盡痛苦。多年來她期望有人可以填補她的空虛，但總是在關係中失望，她選擇的男人軟弱得連最起碼反擊她的看法都做不到，無法迫使她了解自己的期望根本不切實際。

她還不明白的是，她的內在就有一股驅策她走向完滿的力量；她想要依賴別人，但實際上她必須看見並仰賴她自己以及自性，來指引她的人生路。

個人的故事

為了更充分探討孤兒原型，這裡將討論兩個例子，包括一名成人和一名孩童。討論的重點在於更進一步了解孤兒，以及孤兒原型如何在個人過往歷史中以及與治療師的工作關係中展現出來，因為有些可能是前語言期的記憶。當成人與孩童出現憂鬱症狀時，孤兒和情結合一，且原型就展現在分析治療中。

一位中年男士的故事

　　S 先生是一位三十九歲的科學家，他說自己有時會陷入萎靡消沉的情緒中，需要找人講講話。也就是說，他會感覺到能量很低以致於無法完成工作，但是若能夠與理解他的人聊聊，就會好過一點。他知道他的情緒起伏不定，而且最近一陣子都情緒低落，無法完成工作計劃，反而把時間花在看電影或是整理他的工作，以至於較大的專案延宕，他也勉強在期限內完成進度。此外，他表示與妻子的關係出現了問題。他對她所做的幾乎每一件事都感到厭煩，雖然他還是關心她，但是他說他從未愛過她。他與她結婚，主要是因為她的家人剛去世，他為她感到難過。而且，當時他正要搬到一個新的工作地點，除非他們結婚，否則要她跟著他搬家是沒有道理的。他說他並不寂寞，但是思想和感受都很孤獨。他想要過離婚，但又不想獨自一人，說婚姻給他某種安全感。

　　S 先生出生後先短暫由寄養媽媽照顧，然後在三個月大的時候被收養，他的養母當時四十五歲。他記得他的養母總是告訴他，他的來臨對她有多重要。他在六歲的時候被告知自己是被收養的，而且他印象中對於這個狀況並不會無法接受，但是幻想著要弄清楚他的家族根源。

　　S 先生非常喜歡他的養母，並且相信她是一個好母親。然

而，他提及他觀察到養母與同為收養的妹妹的小孩在一起的狀況，從而更加明白他的養母跟嬰兒相處時會顯得不自在，因此跟他相處也應是如此。她看來不太有把握，而且也沒有什麼肢體上的互動。他的養父也證實了這樣的看法，還詳述其養母在他與妹妹還是嬰兒時就是這樣表現。

S 先生找尋自己的生母，並在幾年前找到了。她一直希望他能來跟自己聯繫，因此接獲他的消息時非常開心。生母告訴他：「我要來認識我完全陌生的兒子。」他得知他之所以被出養是因為母親未婚生子，即便生母當時已經二十多歲了，但是他的外婆不允許她留下這個孩子。外婆在他與生母取得連繫之前就過世了。他現在比較少與生母聯絡，因為她的性情很陰鬱，同時又對他抱持著太過美好的想法，這讓他覺得不舒服。

從這個簡要的背景資料來看，裡面有幾個因素需要考慮。他說自己一直以來都感到心情沮喪，但是憂鬱的性質一直都圍繞著想要有位能夠理解他的人，讓憂鬱得以減輕。他覺得妻子不了解自己，他只是基於責任以及同情女方失去親人才娶對方為妻。他可以明白說出他感到孤單與不被了解的感覺，以及希望有人了解的渴望，這些似乎都投射到他的妻子身上。

當然，S 先生無法記得他在嬰兒時期與母親的關係，但是根據他的敘述，他有兩個把他過度理想化的媽媽，並且都非常感激他出現在她們的生命中。在我們訂好初次會談日期後與進

行第一次會談之間，他作了一個夢。

有兩個長期失和的部族，其中一個是塞爾維亞，另外一個好像是希臘。塞爾維亞族的首領有三十多歲，黝黑而且毛髮茂密。我害怕會觸犯到像是黑手黨幫規之類的行事作風。但是出於某些原因，而且顯然在首領知情並允許之下，我可以和他的妻子親熱。她的長相很有地中海民族的味道，強健、勇敢且溫暖，看起來年紀比我略長。

S 先生說，夢中的那個女人看起來像是他的生母，先前他說過她與藝術家芙烈達‧卡蘿（Frida Kahlo，譯註：墨西哥的知名女畫家）很神似。塞爾維亞人在殺人，他們的理由是理性的，但是毫無道理。在他夢中所呈現的這兩個部族，似乎是關於他的收養家庭與原生家庭之間的分裂，這對他來說代表了情緒的動盪，或許是理性的，但是沒什麼道理。夢中的女人性感十足而且隨時可以伺候他，但在情緒上帶有某種程度的紊亂，因為讓他聯想到在現實中身心皆受創的芙烈達‧卡蘿。

從這個初始夢，我注意到關於他內在對自己出身的掙扎，以及他在分析中自我呈現出來的感受。這兩個他擁有的家庭在他內心是分裂的，而且這威脅到生命，因為他害怕無意中觸犯了他所不知道的規範。這會是什麼規範呢？與他的孤兒身世有

關嗎？不過，那男人讓他的妻子伺候他，而她成為銜接他的無意識的橋樑。這夢呈現出一個善於操弄、誘惑的女性形象，這對他來說可能是嚇人的。

　　S 先生表達的感覺好像沒有人了解他，然而實際上，他並沒有向他人吐露太多自己的事。談到跟重要他人的關係時，他描述了一些「灰暗」的事物，帶著一種自己「沒人愛」的感受。如同先前所言，我開始了解他的母親對嬰兒感到非常不自在，而且不會抱他或無法輕鬆與他相處，即使她很高興生命中有他存在。我心中出現一個意象：一個嬰兒與他的第三個媽媽才相處了幾個月，他無法全然與她接觸，他對於親密的渴望也未獲得理解。如同修爾（Schore）[14] 一樣，柯胡特（Kohut）[15] 描述了視覺的重要性，並指出如果母親從孩子身上瑟縮回來，那麼視覺或其他感官就會極度聚精會神，以替代在關係中肢體親密接觸的失敗。對這個男人來說，情況確實如此，他說他試圖要和妻子親熱，但是她不讓他多碰，而且還詳細說明該怎麼做才好，讓他感到挫敗不已。因此，S 先生最終娶的這位女性（他所投射的阿尼瑪），讓他感受到與成長歷程經驗相似的挫敗。他渴望親密，但是卻必須將他的情感分割。我能夠想像，如果有人在情感上和他疏遠，他就會陷入絕望，但是如果有人太靠近，他會覺得像是一種共生的狀態，也不會感到滿意。

如何協助孤兒感逐漸凝聚的受分析者？如先前所言，人們既不能太快就太過親近，也不能夠中途放棄，而且這種良好的平衡需要放開心胸對話，因為沒有任何分析師——就和任何母親一樣——能夠任何時刻都完美地符合所有需求。對我而言很重要的是，讓受分析者一開始就知道，我們的關係是我們可以討論的。他後來告訴我，這說中了他在關係裡的課題，而且重要的是這表示我對此的關心程度，才會告訴他我們能夠談論我們的關係。

　　無論如何，他覺得在這個世界上孤單一人的感受，表現在他無法與一個他不愛甚至在某種程度上令他厭惡的女人離婚。這點本身並不足以構成讓人認為孤兒感正在凝聚成形的理由，但是他說到害怕沒有人陪伴時的恐懼太強烈了，同時他強調需要被理解與重視是他進入關係的動力。這看來就彷彿是他繼續努力想辦法在情感上與他的妻子連結，希望這樣她會對他有所回應，但卻反而持續採取同樣的放棄模式。也就是說，他的妻子在某種程度上把他理想化了，而他在他們的關係中將自己的情感劃分開來，特別現在是和她沒有性關係。以這種缺乏身體接觸的方式來消除被她拒絕的可能性，是他們先前的模式，而現在則讓他感覺彷彿是一個孤兒。這並不是說他和一個類似他母親的人結了婚，而是由於這些都沒有被意識層面知曉，所以他才繼續重複著類似的模式。

和女性之間的困難、負面母親意象的印記，以及早期接觸經驗受到創傷的重要性，可以在以下的夢境中看到：

　　有一種裝置可以同時運送一些人到火星上去，只要把頭部嵌入某種框架裡即可，他們可以在自己狹窄的框框裡互相交談，並向外張望周遭環境。由於技術進步，現在能夠把一兩個人的軀體進行運送，但是他們的雙手必須被除去並且置換為金屬鉗子。因此，兩個墜入愛河的人現在可以第一次面對面地注視著對方。女人的頭部仍然嵌在框架裡，有著深色頭髮，皮膚白皙且具有光澤，抹著紅色的唇膏。珍珠或搪瓷娃娃模樣的外觀，但微笑著。然後，更大的進步允許手可以運送並且重新安裝。手必須在適當的時機運送以避免腐壞，但是有人在行政上加以阻擋。我問這背後是誰，然後一個神祕的喘息聲回說：「我想傷害他們。」我從這惡夢中醒來，用沙啞的嗓音哭著說：「誰想要傷害他們？」

　　這個夢嚇壞了這位男士。人們可以看到，當自己試圖與重要他人連結時，在某些方面會出現斷斷續續的混亂。他想要連結，但是受到阻撓，而這對這些存在構成生命威脅。重要的是充滿愛意的凝視，接下來更親密的接觸則是透過觸摸來進行，然而這個可能性被阻擋了。他的夢顯現了身體與心靈在他內在

　　　　　　　　　　　　孤兒：從榮格觀點探討孤獨與完整 ｜

的分裂。

移情是非常重要的，因為這位男士需要感覺被認可與被理解，但是如果這些東西過多也會把他嚇壞。他能夠了解為了自己的生存不得不努力和他人連結，而他卻持續對一個無法和他有親密關係的女人試圖連結。他一方面想要她有回應，但是另一方面如果她有所回應，他就會產生焦慮。因此，兩人之間需要在保留和設定適當界線上取得平衡，這樣他才能夠信任這個揭露自己的空間。到目前為止，他透過各種強迫性的行動，像是過量的工作或是過度的規劃，來抵銷自我支離破碎的痛苦感覺。這些補償性的結構是他必須在治療中予以處理的，這樣他才能有更親密的關係，維持在個人的層次會有助於這位男士變得更踏實。一旦他經驗到了，他就能夠與他的創造力和命運有所連結，進而在他的科學領域裡發展新的理論。

潛伏期年齡的兒童

即便是雙親健在的孩子，在他們的的的故事裡，我們也可以看到孤兒的身影。這可能會在母子依附關係出現嚴重破壞時發生，或是有身體上的問題、環境的動盪，以及／或母嬰對偶關係中缺乏共鳴。在這個案例中的男孩能夠清楚述說自己感到非常孤單，也覺得自己被人全然誤會。

這個男孩我稱他為約翰，十一歲，他因為對學校日益反

感、不願遵守規則以及難以參與團體行動等問題，而被父母帶來接受治療。他除了是個完美主義者，也難以和他人合作。因為他的個人興趣以及無法和同儕建立關係，使得他常常覺得自己與他們格格不入。和成年人交談對他而言是比較容易的，而一般人經常誤以為他的年齡比他自稱的年紀還要大上幾歲。

約翰的初次評估顯示他是憂鬱的，我和他的父母討論過這個評估結果，但是他的父母選擇不接受治療的建議，直到六個月之後他開始說自己想要自殺。儘管他的父母不當一回事地認為他才不會將這些威脅性的言辭付諸行動，同時也非常直接地對他說，他們不希望再聽到這一類想自殺的話，但是學校堅持要求他接受治療。在父母眼中，幸福家庭的意象已經崩解了。

當約翰六週大的時候父母搬到國外，父親會說該國的語言，但是母親就必須學習這個新語言，不過父母兩人都很期待這次的搬遷。父親樂在他的工作，而母親與左鄰右舍交上朋友，這些鄰居家都有小孩，她也加入了在當地自己母國的社群組織。

約翰的生育過程都很尋常，是一個很好帶的嬰兒，但他總是難以一覺到天亮，這迫使母親必須躺在他旁邊直到他睡著，或是如果他半夜醒來的話必須待在他身邊。這種狀況一直持續到他三歲。他的關鍵發育階段都有達到，也都在正常值的範圍內。幼兒時期的他很容易鬧脾氣，喜歡東西整齊有秩序，並且

會有「激烈」哭鬧不休的現象。兩歲七個月大的時候，他的外公過世了，這對他的母親來說算是一段艱難的時期，不過他的母親不太認為這有影響到她對孩子的照顧。由於正逢懷第二胎的後期階段，約翰的母親無法搭乘飛機，所以無法參加她父親的喪禮。約翰的父親回想當時妻子哭得很傷心，還看到他們的兒子對待母親的舉止十分溫柔。在他兩歲八個月大的時候，他的弟弟出生了，父母再一次地表示家裡並沒有因此出現任何的問題。

約翰上學後，非常的活潑而且很難保持專注。他被安排在一個學生人數較少的班級，然後就有些改善了。在他整個就學期間，他對某些老師全心擁護，事實上，當代課老師想要採行一些跟原本授課老師不同的做法時，他就會對代課老師很失禮。當他認為在校園環境中的規矩是什麼，他就會配合，並且也要其他人一起遵守這些規則。

不過，這個家庭過去似乎沒有任何重大的問題，但是現在約翰卻表達出想要自殺，並且對自己和對他人都感到疏離，他究竟是發生了什麼事情？

榮格取向分析師凱瑟琳・阿斯柏（Kathrin Asper）[16] 談到了被父母情感遺棄（emotional abandonment）的孩子，這些孩子沒有獲得夠好的母愛，這個概念最早是由兒童精神醫學大師溫尼考特（Winnicott）[17] 所提出。當孩子的感覺沒被人重視

或是未受到他人同理的理解，就會出現這種類型的遺棄感。這讓我們想起發展心理學家安斯沃思（Mary Ainsworth）觀察烏干達母親和孩子的研究，母親雖然人陪在孩子身旁，但是在情感上卻遺棄了孩子，她不是各種標準下會認為的壞母親，但是因為她正遭受其他壓力的逼迫，所以人在心不在。約翰的情形似乎就是這種狀況，而這些問題早就在他煩躁不安、過度要求井然有序的補償表現中呈現出來了。他想要從媽媽那裡獲得更多，他不易入睡以及半夜醒來的情形正傳遞出想要更靠近母親的需求，並且要她在情感上更和他同頻。不論所有實際的目的是什麼，都很難理解這位母親的壓力為何，但是最重要的問題在於她淡化了她兒子在情感上的需求，以及她對於自己不是兒子最好的母親的防衛性反應。這或許說明了，她需要保護她自己的傷口，而且不讓別人看見自己的問題，但同時她在經歷父喪之慟的情形下，也盡了她最大的努力了。想當然爾，這對父母親抗拒專業的協助，即使治療他們這已經出現嚴重情緒問題的兒子也不願意。他們最後來接受治療，純是因為學校給他們的壓力越來越大。

對於約翰覺得自己格格不入的感覺以及被其他孩子捉弄的情形，這對父母所做的，就像我們很多人一樣，也試著去安撫他、告訴他這沒什麼大不了的，來緩和他的感受。這種出於善意的支持卻是情感上的遺棄，因為這並沒有正視他的難堪、羞

辱與絕望的感受。這時重要的是和他的感覺同在，注意到它們的存在並且開放地分享感受。正是在這些時刻，孤兒般的感受能夠被承認，然後我們在這世界上就不會那麼感到孤單。這便是約翰在分析中所經歷的療癒過程。

在治療中有長達數月之久的時間，約翰所談論的都只是其他孩子對他的不公平以及待他有多刻薄。他會述說他如何不受尊重的事件，但是卻無法看到自己如何不尊重別人。約翰寫了一個名為「就是很刻薄」的故事，敘述在學校中發生的某個事件，他形容為「可能是我這輩子最難熬的其中一天」。事情和他被一些男生謾罵有關，這些男生拿了他的球，然後丟進泥巴堆裡，並且——在他看來——整天一直霸凌他。最後，他朝其中一個男孩扔了一個球，擊中那男孩的頭，那男孩便淚眼汪汪地向老師哭訴，獲得了老師的同情，於是約翰就惹上麻煩了。他總結說：「我感到悲慘和憤怒。我感覺好像全世界都不理我了。」

在分析的時候，有時他會在離我的臉只有十幾公分距離的情況下告訴我這些故事；他需要我全神貫注地對待他。這與他一開始通常不直接看著我的狀況，是鮮明的對比。當他的感受被聽到且被認同時，他開始能夠了解他無法改變其他的孩子，但是或許可以改變他內在的某些東西。

他能夠看到這一點的能力，出現在某次他在講述一件關

於和同學一起搭公車的事，他提到有些孩子在聽著音樂，而他對於這些「噪音」感到厭煩不已。他質問這些人，聲稱他有安靜的權利，但接著他被無情地嘲笑，老師也認為他無端生出是非而對他不滿。他講完這件事，而我在確認他擁有公民權利之後，說出我心裡的想法：是否這些孩子也同樣擁有聽音樂的權利呢？他此時的狀態讓他能夠注意到他人也是有需求的，而且是他自己的態度需要改變。這份改變以及他看見這個處境的能力，乃是來自於幾個月以來的同理傾聽與理解，以及他進行的沙遊治療。

我們一起開始進行治療時，約翰做了兩個沙盤。第一個沙盤他稱之為「時代廣場」（Times Square），這是紐約市大受遊客喜愛的一個景點，他說這是他們家經常會帶訪客去的地方。然後他很迅速地抹掉，接著做出下一個沙盤。第一盤沙裡面沒有任何物體，看來像一張地圖似的，彷彿從上往下看的鳥瞰圖。這是一個熟悉的場景，而且帶給他美好回憶。他將過去的快樂回憶，帶來到現在對他而言欠缺任何快樂事物的生活中。他述說著他的家人如何帶訪客們到美國這個非常富麗堂皇的地方；這裡充滿了演員與戲劇，而這兩者似乎沒有什麼關聯。我在想，這是否可能是他內在深層缺乏情緒連結的部分。然而，類似地圖的外觀向我展現了他的經驗以及改變的可能性（圖十五）。第二個沙盤他主動將它命名為「沙的聖誕節」，

圖十五　時代廣場。

資料來源：普內特攝影。

並且講述了一個關於士兵的戰爭故事，「好人」對抗「惡霸」，這些惡霸被抓起來然後埋在雪堆裡。他一度把自己喬裝為艾菲爾鐵塔。他還建造了隧道通往能夠保護他的房子（圖十六）。現在他必須開始戰鬥，走一趟真正的英雄之旅。

約翰正在讓我知道在家庭中他的內在衝突，以及他與同儕的外在衝突。憂鬱症是一種讓別人知道他已經承受不了的方式；特別是當那種要理性做事的補償作用太過於偏頗之時。他有很多攻擊的衝動，而且已經再也無法涵容了。他可以找一個地方待著，那些房子便是可以涵容而又安全的地方，而且他需要這些房子來脫離衝突。他需要置身在一個他能夠為他的內在

圖十六 (a) 與十六 (B)　沙的聖誕節以及特寫鏡頭。

資料來源：普內特攝影，2000 年。

孤兒：從榮格觀點探討孤獨與完整

與外在爭戰帶來和平的地方。艾菲爾鐵塔被視為男性的象徵，代表他希望可以從各方面受到讚賞及注視，也就是被看見與被重視。

　　和約翰進行治療的過程長達十六個月，他一共做了五十一幅沙盤。除了有一次沒做之外，每次會談他都會做出一個沙盤。他的父母有一度認為他已經好轉許多，應該是停止治療的時候了，在瞞著我的情況下，告訴他這會是最後一次的會談。在那一次的治療中他做了十盤沙圖，試圖要完成他的治療歷程。幸好他的父母願意讓他繼續下去，只不過變成了一個月一次，持續了六個月。在這最後的六個月中，約翰的沙遊治療走得很深入，碰觸到原型的內容，然後他的最後一幅沙圖是一個靜謐的公園景象。

　　這個歷程在相當短的時間內產生了顯著的成果，在主訴問題上有很大的進步。由於這個治療，他能夠在學習的場域中成為有所貢獻的人，而且和同儕間也能以玩樂的心態獲得平衡。

感想

　　本章探討了作為原型與情結的孤兒。雖說孤兒的現身可能有個人的、經驗性的原因，我們也必須記住，原型會自發地在集體無意識裡透過創造性的歷程出現，這在《薄伽梵歌》的史

詩中特別明顯。人們必須始終意識到，原型無法直接被體驗，所以是神聖的並且可以「從個體的經驗中湧現，但是這未必意味著一定得從像是被虐待或遺棄的個人事件中浮現。它可以從內在心靈事件中展露，啟動情結並且創造出相對應的原型意象。」[18] 此外，這兩個個人故事說明了孤單的感覺關乎想要被理解和被看見，而且不僅是希望個人的成就被了解、看見，也希望自身的掙扎與痛苦同樣能被了解、看見，這會讓我們獲得自由而得以和創造性的歷程接觸。

　　這兩個案例都是男性，是刻意提出來用以強調獲得陰性原則的重要性。也就是說，要與感覺與情緒保持聯繫，關注直覺並接受非理性事物，能夠愛人並且對大自然有感受力，以及最後一點，與無意識連結。[19] 這就是女性之道，也就是「陰」。「道」在道家術語中是恢復原始上天賜予的精神，[20] 當然，這總是起起伏伏的，是一種平衡，而且兩者缺一不可，正如全真教弟子孫不二（Sun Bu-er）[21] 所描述的：

　　　資生資始　　總陰陽
　　　無極能開　　太極光
　　　心鏡勤磨　　明似月
　　　大千一粟　　任昂藏

　　　　　　　　孤兒：從榮格觀點探討孤獨與完整

全真教弟子王處一之母周玄靖[22]（Zhou Xuanjing）將「接受」（the receptive）描述為「……易經的母親符號（譯註：意指坤卦）」，當人們修行的時候，靜坐不是保持安靜而已，而是「……一種滌靜心靈的技巧，以便讓正向能量從心理習慣的禁錮中釋放」。

施韋澤爾主張，每當我們轉向來自靈魂的意象時「我們有義務在心理上滲透進入集體無意識的前意識總體狀態（the preconscious totality）裡，放下純屬於個人心理領域的東西」，這是要將眼界遠遠超越個人事件的範疇，無論是好是壞，並在「……整個宇宙與存於其內的人類」[23]的脈絡中進行檢視。

在西元前一千五百年的埃及，個人與客觀世界的分化並不存在。大自然被視為是真實的東西，是太陽神所創造的，個人與這一切是合為一體，也會恐懼自己與神分離，所以即便在來世也會對神表示敬意。這是將生命的力量與死者的身體連結起來，以確保未來會受到亡者靈魂的保護。有趣的是，在那個時代，女性是與天空有關，因為思想領域與智性是屬於情感的經驗，這與西方文化認為思想是基於科學的究竟研究剛好相反。在那個時代，個人是與總體性（totality）連結一起的，而現在我們研究大自然卻好像它是與我們分開的。重點是我們可能被各種原型所觸動，有可能那便是孤兒，重要的是要將個人自身的意志與知識降服於內在的真理與法則下，這些是遠遠超越自

我意識的。[24] 這是必要之孤獨，能夠滋養並推動我們走向個體化歷程。

　　個人的孤獨感是一種遺棄，但更強烈明顯的是在關係當中不被重視的感覺。也可以說，這可能是在遭遇或經歷神的黑暗面之際的一種內在心靈經驗。[25] 他者（The Other）或許存在，但是並非以對孩童或任何孤兒具有意義的方式出現。因此，陰性面向或者這關係尚未存在，但卻是必需的。

原註 1　　Jung, On the Nature of the Psyche. *The Structure and Dynamics of the Psyche, CW 8*, p. 411.

原註 2　　Jung, A Review of Complex Theory, *The Structure and Dynamics of the Psyche, CW 8*, p. 210.

原註 3　　Jung, *The Archetypes of the Collective Unconscious, CW 9i*, p. 85.

原註 4　　Jung, *Archetypes of the Collective Unconscious, CW 9i*, p. 51.

原註 5　　Kathrin Asper, personal communication, April 5, 2001.

原註 6　　Jung, The Concept of the Collective Unconscious, *Archetypes, CW 9i*, p. 99.

原註 7　　Adler & Jaffe, *C. G. Jung Letters, Volume 2*, p. 606.

原註 8　　von Franz, *Archetypal Dimensions*, pp. 263-4.

原註 9　　B. Miller, *The Bhagavad-Gita*.

原註 10　B. Miller, *The Bhagavad-Gita*, p.3.

原註 11　Miller, *The Bhagavad-Gita*, pp. 103-4.

原註 12　C. Douglas, *Visions*, p. 1367.

原註 13　Schweizer, Personal communication, September 9, 2010.

原註 14　A. N. Schore, Affect Regulation and the Origin of the Self. 編註：修爾是一位神經科學家，現任職於加州大學洛杉磯分校精神科與生物行為醫學研究中心。

原註 15　H. Kohut, The Analysis of the Self：A Systematic Approach to the Psychoanalytic Treatment of Narcissistic Personality Disorders. 編註：柯胡特為出生於奧地利的美籍心理學家，以提出「自體心理學」而聞名。

原註 16　K. Asper, *The Abandoned Child Within: On Losing and Regaining Self-Worth.*

原註 17　J. Abram, *The Language of Winnicott: A Dictionary and Guide to Understanding his Work.*

原註 18　Schweizer, personal communication, September 9, 2010.

原註 19　Jung, von Franz, Henderson, Jacobi & Jaffe, *Man and His Symbols.*

原註 20　T. Cleary, *The Taoist Classics, Volume 3.*

原註 21　T. Cleary, *Immortal Sisters: Secret Teachings of Taoist Women,* p. 75. 譯註：此段引文出自孫不二的《元君法語》。孫不二為全真道創教祖師王重陽的門下弟子「全真七子」之一，是「全真七子」中唯一的女性。

原註 22　Cleary, *Immortal Sisters,* p. 71. 譯註：周玄靖為全真道創教祖師王重陽的門下弟子王處一的母親，母子同禮王重陽，王重陽為其訓名為德清，賜道號為玄靖散人。

原註 23　Schweizer, *Sungod's Journey,* p. 12.

原註 24　Schweizer, *Sungod's Journey.*

原註 25　Schweizer, personal communication, September 9, 2010.

重新連結：孑然一身 但又與世界合一

　　一個人若能自信地朝自己夢想的方向前進，並努力經營自己所想望的那種生活，他會達到比平常還意想不到的成功……而且，他將擁有更高的生活權力。

　　　　　　　　　　——亨利‧梭羅（H. D. Thoreau）[1]

當內在的孤兒被啟動，我們就有機會接觸它，並探索它對我們生命的意義。這不是件容易的事，但如果想要與我們真實的天性連結，這就很重要了。

單獨又合一

以下一系列來自倫敦布里奇曼藝術圖書館的畫作，呈現了與自己以及與世界合一的孤兒發展過程。

皮耶·洛克（Pierre Roch）一幅名為「孤兒」的畫作中，主體是一張空床；一個應該是人們休息、讓生命受孕的地方，如今卻了無生氣，我們可以在背景看到一輛由馬拉著的靈車，載著雙親或其中一人前往安息之處（圖十七）。馮法蘭茲認為這張床是個「意識狀態下降（abaissement de niveau mental）的地方，在此你可以與你的無意識、本能和身體產生連結。」[2] 她還說：「床是所有生命本能實現的地方，包括出生、死亡、性愛，我們在這裡連結自己的本能與無意識。」[3] 在右邊有個小孩，描繪的是未來的無限可能，但她是獨自一人。面對失怙失依的人生，不難想像她會有什麼遭遇。就像童話故事〈小孤女〉一樣，這孩子也是獨自一人；我們無從得知她從父母養育中獲得什麼樣的訊息，或是源自祖先的什麼固有傳承，我們只知道她所面對的未來是沒有限制的，但她仍然有自己的日子要

圖十七 〈孤兒〉或〈致命的霍亂〉（The Orphan or Fatal Cholera），皮耶・洛克繪。

資料來源：布里奇曼藝術圖書館。經許可後轉載。

過，有自己的命運要去實現。

　　在伯納德・皮卡特（Bernard Picart）的畫作〈柏勒洛豐大戰蓋美拉〉（Bellerophon Fights the Chimaera）中，我們看到與黑暗及邪惡間的激烈戰鬥（圖十八）。在希臘神話中，蓋美拉是一隻噴火怪，牠的形象通常是獅子頭、山羊身、蛇尾或龍尾。這一隻拼裝怪獸將所到之處摧毀殆盡，直到為柏勒洛豐所殺。柏勒洛豐騎乘著佩格索斯（Pegasus），牠是當美杜莎（Medusa）被帕修斯（Perseus）割下頭顱時從中蹦出來的有

圖十八 〈柏勒洛豐大戰蓋美拉〉（Bellerophon Fights the Chimaera），伯納德・皮卡特繪。

資料來源：布里奇曼藝術書館。經許可後轉載。

孤兒：從榮格觀點探討孤獨與完整

翼飛馬。[4] 佩格索斯後來成為智慧的象徵，尤其與詩意、創造力有關。[5] 有趣的是，柏勒洛豐這位希臘神話英雄因為拒絕他的繼母斯忒涅玻亞（Stheneboea）的誘惑，而被父親普羅托斯（Proetus）逐出王國，因為他的繼母反而指控柏勒洛豐企圖誘惑她。國王對妻子所言信以為真，因此把柏勒洛豐派到他岳父那裡去，指示他將柏勒洛豐殺掉。於是柏勒洛豐陸續接獲各種任務，其目的無非是要讓柏勒洛豐喪命，但是柏勒洛豐不但在所有任務中活下來，甚至還殺死了蓋美拉。[6] 孤兒故事的重點在於，我們之所以會有各種試煉要面對，並不是因為我們很糟，而是因為生命中原本就充滿各種黑暗與邪惡，對我們的威脅不僅僅是身體上的，還有情感上的。這幅畫描繪了我們需要接觸本能與精神領域，以成為更加分化的個體。

瓦迪司雷・斯來溫斯基（Wladislaw Slewinski）的畫作〈波羅寧的孤兒〉（Orphan in Poronin），清楚描繪了被遺棄與孤單的感覺（圖十九）。這孩子身穿黑色外套，意味著煉金術中的黑化（nigredo）階段。黑化是受苦受難的開端，靈魂的黑暗面，而且通常所指的就是榮格所說的「暗夜之航」（night sea journey）。[7] 這是個檢視前所未見事物的時刻，也就是陰影。更甚者，這個時刻也和自身的黑暗面有所連結，他所戴的黑色帽子便象徵著這點。中世紀時期的帽子，在古高地德語（Old High German）[8] 稱為 huot，意思是指上帝的保護與我同在。

圖十九　〈波羅寧的孤兒〉（Orphan in Poronin），瓦迪司雷·
（Wladislaw Slewinski）繪。

資料來源：維基百科。

[9]這個受苦的時期是偉大的，而且賦予並取走生命的是大母神
（Great Mother），因此與大母神的黑暗面相遇會帶來深重的
苦難。這不僅僅是個人的苦難，也是神的黑暗面的苦難。這是
赤裸裸地面對自己。

　　延續著煉金術的象徵，下一幅湯瑪斯·費德（Thomas

圖二十 〈路邊小憩〉（A Rest by the Way），湯瑪斯‧費德
（Thomas Faed）繪。

資料來源：布里奇曼藝術圖書館。經許可後轉載。

Faed）的畫作〈路邊小憩〉（A Rest by the Way，圖二十）所描
繪的是**白化**（albedo）階段。這裡雖然還是有苦難，但是過程
較為緩和、明亮。在這個階段我們開始獲得辨識的能力，對於
所發生的事情獲得了一些理解。雖然任務仍在持續中，但至少

圖二十一　　〈聖殿的孤兒〉（The Orphan of the Temple），艾德
　　　　　　華・馬修・沃德（Edward Matthew Ward）繪。
資料來源：布里奇曼藝術圖書館。經許可後轉載。

不再那麼混亂了。畫中旅行的孩子雖然疲憊，但天空中的亮光
代表著希望和未來。

　　在最後這幅由艾德華・馬修・沃德（Edmond Matthew
Ward 所繪的〈聖殿的孤兒〉（Orphan of the Temple，圖

　　　　　　　　　　　　　　　　孤兒：從榮格觀點探討孤獨與完整

二十一）裡，我們看到一位年輕女性坐在聖殿前作畫。在此所描繪的是紅化（rubedo）階段，透過苦難迎向個人的真實本質。女子正在作畫，代表著她正在與自性接觸，因此有了創意的表達。她身後的女子似乎代表一個正向的陰影形象，意帶讚許地在背後看著。背景中的男子則是個潛在的阿尼姆斯（animus）角色，而且他必須等待女子完成她必須完成的工作。腳邊的狗望著作畫女子，而且似乎與她在本能層次上有著非常緊密的連結。畫面前方的山羊也在看著，由於她是個孤兒，山羊似乎代表著**原始素材**，一種原始母親的化身。相較於個人的母親而言，這種與原型的連結讓她感到被扶持與涵容，一種她能盡情做自己的感受。馮法蘭茲[10]提及一種心理平衡的狀態，在這種狀態下，既沒有山羊血，追逐感官之樂也不致於失去個人的性格。她雖是孤單的，然而此時與自己是和諧合一的，與自己的創造力和本能相連結，而且有能力辨別是非。在此狀態下，自我不再被視為主宰，自性現在得以向她真實呈現。

這幅畫描繪了一種力量。這股力量不是那種勇鬥惡龍的積極陽剛力量，而是歷經苦難後而生的被動力量。這是一種源自信任大自然、信任偉大女神的陰性力量。她毋須採取行動，只須耐心等候；這需要「巨大的堅毅才能不作為」。[11]在現今重男輕女的社會裡，我們的壓力在於需要快速行動並迅速解決

問題，耐心等候是需要莫大勇氣的。這並不表示我們只能消極以對，而是必須理解無意識在特定衝突中所製造出來的所有事物。榮格這麼說，「除了等待，我什麼都不能做，帶著些許對上帝的信心，在衝突之中誕生了耐心與毅力，為特定那個人命中注定的解答將由此浮現──雖然我還看不見它。」[12]

這種孤兒的感受來自被遺棄的感覺，一種似乎全世界都棄你而去的感覺。要治療這樣的傷口，得在出差錯的發展脈絡中看見一套正在展開的過程。這涉及了某種二度養育（re-parenting），並且用一種容許受分析者和內在真實的自己重新連結的方式互動。這不單是要陪伴那些感到孤單的人，不論他們處在哪一個生命階段，同時也是要運用我們所知的一切，在情感上和對方同頻。感覺自己像是個孤兒的人，雖然覺得孤單一人，卻可能擁有一個非常美好的家庭，只是這個家庭無法或不知如何提供情感上的支持。身為分析師，這不是件容易的任務，因為我們必須面對自己對於親密關係的恐懼、自戀的需求以及對親近的恐懼，才能夠與對方同在。更甚者，我們是在協助對方體驗所需的支持與肯定，好讓當事人得以在自性所引領的個體化歷程中，讓意識獲得擴增。

　　　　　　　　　　　　　　　孤兒：從榮格觀點探討孤獨與完整

結語

在波林根湖光山色的環繞下,榮格的石刻為我們設定了探索孤兒的初始背景。那塊石頭孤零零一個,而榮格刻上了煉金術的一句話:我是孤兒,相當吻合。孤兒喚起了許多意象,但最重要的是那種在世界上孑然一身的原型。這種原型之所以受到引動,可以是由於真的身為無父無母的孤兒,也可以是因為正處在通往完滿或個體化的旅程上。個體化的道路必須獨自上路,但矛盾的是,個體化也必須在與「他者」(Other)有所連結下才能完成。

身為孤兒,重點並不盡然是和分離、失落或被遺棄有關,而是在於從發生這些狀況的背景裡所發展出來的意義。這可能是早年在情感上的遺棄,然而就發展上來說,重點在於這是一份走樣的關係,特別是沒有經歷足夠安全的基礎。有關父母重要性的研究中,至少在美國我們看見以寄養家庭取代孤兒院的改變。這樣做的根據在於,如果家裡有父母親建立起連結(bonding),就會覺得好像自己是屬於某個人的。然而即使家中有父母,覺得自己像是個孤兒的感覺還是會出現,這是因為孤兒原型被啟動了。當然我們必須對關係更帶有覺察,但是想要躲避我們內在的孤兒並非解答。當我們能夠接納我們自己的樣子,帶著身在世上所有的孤單感受時,我們就能夠與他人

產生連結。

研究依附的文獻也受到看重，因為早期所形成的關係很重要，我們從中尋求自己做為一個個體的獨特性。榮格在談到孤兒石的地點與背景時有提到這個部分。這些早期關係一方面有助於組織與調節人們的行為與經驗，另一方面，原型與這些環境影響交織在一起，這些環境包括了嬰兒的氣質以及照顧者的回應。根據具體狀況，這可能導致各種情結出現，包括孤兒情結在內。很多時候，個人的獨特性不會被看見，而一旦發生這種狀況，與個人創造力的連結就會受到阻礙；可能會有的問題是他人對我們有不切實際的期待，會因為關係中充滿了投射，而錯失和他人連結的機會。

這些早期的人際關係之所以非常重要，並不是因為它必須要是完美的，而是因為那是自己生存在這世上能夠讓人看到、聽到和被肯定的機會，然而事情的全貌無法從中完全顯露出來。一個嬰兒不亞於一個奇蹟，他握有對未來的希望，而且兒童象徵著每個人所擁有的臻於完滿的潛能，所以我們的眼光必須超越個人領域，進入象徵領域。夢境經常會提供線索。此外，嬰兒被抱在懷裡並受到照料，隱喻著與母親原型的重新連結，這對於孤兒而言至關重要，代表著獲得涵容與支持，以便在這世界上繼續前行。

能夠在世上單獨存在的能力，是由早期的關係所培養出來

的，並且如同溫尼考特[13]所說明的，是透過另一個人在場時的獨處經驗而得以發展出來。這種身體與情緒上同在但卻分離的情況，讓孩子得以與其自身的獨特性保持連結。在原型的層次上，我們也必須和個人的孤獨和解。孤兒在現今社會中顯而易見，是對於偏頗法則（Logos）的一種修正。也就是說，這些孤兒之所以突顯出來，是在要求我們更加意識到關係以及與他人連結的重要性。此外，我們這個時代當前的育兒實踐主張的是無父母的世界，由孩子為他們需要從父母那裡獲得什麼定下基調。實際上，更加需要的是涵容、關係、關聯與愛慾。

孩童代表著趨向整體圓滿的潛能，也就是，朝向獨立的方向前進。雖說孤兒是從遺棄、遭受風吹雨打以及危險的故事中現身，但這些都只是在闡釋其神祕且帶著奇蹟的誕生，而目標則是一種嶄新而未知的內容的出現。[14]這未知的內容是一種需要維持對立張力的創造行動，神聖的或有創造力的經驗便可能藉此開展，意味著更高層的自我理解。然後我們便可能與自身的本質、本能和力量有所聯繫；在這裡，它代表了聖童以及「遠在我們有限的意識心智範圍之外的生命力的化身」。[15]在象徵的層次上，沒有父母的孩童表示一種在我們當代的意識中被移除或與當代意識毫無關聯的無意識內容，其帶來的影響便是有可能擴大意識層面、克服先前的無意識狀態。我們似乎對能夠修正偏頗態度的孤兒感到著迷。作為原型的孤兒攪動了我

們的情感，這就是在現今關係上所需要的。認為成了孤單一人的孤兒會刺激想與他人連結的感覺，是一種似是而非的想法。

孤兒必然要踏上個體化的旅程，如同我們在童話故事〈小孤女〉中所見到的一樣。這是一個召喚，要我們當最好的自己，活出真實的天性。然而，這更高層意識的發展等同於在這世界上孤單一人。孤單一人並非意味著寂寞，但確實意味著與某種無限的東西重新連結，所以我們能夠既是孤獨卻又與世界合而為一。

孤兒為喪失親人和渴望所苦，而宗教或某種靈性形式可以提供一個出口。也就是提供一個自己生命中發生此事必有原由的想法，從而帶來療癒；這是我生命中的一部分，所以我成了孤單一人，而非被人不要的（left alone），因為我對自己生命具有重要性是帶著盼望的，不是因為我存活了，而是我已經學會在這樣的經歷中成長茁壯。在許多情況下，這意味著發展出一個知道如何照顧自己並對自己好的內在母親。這個新的態度需要直覺、常識與意識，知道自己過往與自己本身之中的好與壞，然後用來做為指引。一旦人們可以體驗到對立面，與無意識達成協調的可能性，或許便能讓意識與無意識兩者的知識與行動產生化合。孤兒的警覺通常都很高，因為她是直覺的，但是如果她認為另外一個人會愛她，她就會無視於自己的直覺，這可能會讓她偏離她個人的道路。

孤兒的旅程是為了與自己可能成為的一切有接觸，與我們所有人都擁有的創造力接觸，然後變得完整。與自我省思結合之後，這將重新建立起希望與一份自己擁有未來的感受，就會有生命線索，有歸屬感、未來感和延續感。不論是大人或兒童，只要因為原型受到激發而感覺自己被遺棄、不被看見，就是個孤兒，但是 **orphanus sum** 的意思是我是個孤兒而且我擁有——也就是負起責任——我自己的故事。這趟旅程是一個殊榮，我們可以在旅程中的某些時候驕傲地說，我是一個孤兒。

原註 1　H. D. Thoreau, *Walden or Life in the Woods*, p. 356.（梭羅，《湖濱散記》）

原註 2　von Franz, *The Cat*, p. 86.

原註 3　von Franz, *The Cat*, p. 87.

原註 4　E. Burr, *The Chiron Dictionary of Greek and Roman Mythology*.

原註 5　*The Herder Dictionary of Symbols*.

原註 6　*The Herder Dictionary of Symbols*.

原註 7　Jung, Symbols of the Mother and of Rebirth, *Symbols, CW 5*, p. 308.

原註 8　E. Partridge, Origins: A Short Etymological Dictionary of Modern Language.

原註 9　Schweizer, personal communication, February 28, 2001.

原註 10　von Franz, *Alchemy*.

原註 11　Schweizer, personal communication, February 28, 2001.

原註 12　Jung, Introduction to the Religious and Psychological Problems of Alchemy, *Psychology and Alchemy, CW l2*, p. 37.

原註 13　D. W. Winnicott, The Maturational Processes and the Facilitating Environment: Studies in the Theory of Emotional Development.

原註 14　Jung, Child Archetype, *Archetypes, CW 9i*, p. 285.

原註 15　Jung, Child Archetype, *Archetypes, CW 9i*, p. 289.

| 附錄一 |

參考書目

Aarne, A. *The Types of Folktale* (2nd rev.). (S. Thompson, Trans.). Helsinki, Finland: Academia Scientiarum Fennica, 1987.

Abram, J. *The Language of Winnicott: A Dictionary and Guide to Understanding His Work*. Northvale, NJ: Aronson, 1996.

Abt, T. *Introduction to Picture Interpretation: According to C.G. Jung*. Zurich, Switzerland: Living Human Heritage Publications, 2005.

Adler, G. & Jaffe, A. (Eds.). (R.F.C. Hull trans.). *C.G. Jung Letters, Volume 2*. Princeton, NJ: Princeton University Press, 1975.

Ainsworth, M.D.S. *Infancy in Uganda: Infant Care and the Growth of Love*. Baltimore, MD: Johns Hopkins University Press, 1967.

Ainsworth, M.D.S., Blehar, M.C., Waters, E., & Wall, S. *Patterns of Attachment: A Psychological Study of the Strange Situation*. Hillsdale, NJ: Erlbaum, 1978.

Allen, R.E. (Ed.). *The Concise Oxford Dictionary of Current English*. Oxford, England: Clarendon Press, 1990.

Asper, K. *The Abandoned Child Within: On Losing and Regaining Self-Worth* (S.E. Rooks, Trans.). New York, NY: Fromm, 1987.

Awdry, W. *Thomas, the Tank Engine*. London, England: Heinemann Young Books, 1998.

Becker, U. (Ed.). *The Element Encyclopedia of Symbols*. Shafesbury, Dorset, England: Element, 1994.

Beebe, B. & Lachmann, F.M. *Infant Research and Adult Treatment: Co-Constructing Interactions*. Hillsdale, NJ: The Analytic Press, 2002.

Bowlby, J. Grief and Mourning in Infancy and Early Childhood. *The Psychoanalytic Study of the Child*, 15, 9-52, 1960.

———— *Child Care and the Growth of Love*. London, England: Penguin Books, 1965.

———— *Attachment and Loss. Vol. III: Loss, Sadness, and Depression*. New York, NY: Basic Books, 1980.

———— *Attachment and Loss. Vol. I: Attachment* (2nd ed.). New York, NY: Basic Books, 1982.

Briggs, K. *A Dictionary of British Folk-Tales in the English Language, Part A* (Vol. 1). London, England: Routledge & Kegan Paul, 1970.

Brown, F., Driver, S.R., & Briggs, C.A. *Hebrew and English Lexicon of the Old Testament*. London, England: Oxford University Press, 1907.

Bulfinch, T. *Bulfinch's Mythology*. New York, NY: HarperCollins Publishers, 1991.

Burr, E. (Trans.). *The Chiron Dictionary of Greek and Roman Mythology*. Wilmette, IL: Chiron, 1994.

Chun, N. Faces of the Abandoned. *Newsweek*. http://www.newsweek.com/2007/12/12/faces-of-the-abondoned.html, 2007

Cleary, T. (Trans. & Ed.). *Immortal Sisters: Secret Teachings of Taoist Women*. Berkeley, CA: North Atlantic Books, 1996.

———— (Trans.). *The Taoist Classics, Volume 3*. Boston, MA: Shambhala, 2003.

Costantino, M. *Georgia O'Keefe*. Greenwich, CT: Brompton Books, Corp, 1994.

De Mause, L. (Ed.). *The History of Childhood*. New York, NY: The Psychohistory Press, 1974.

De Vries, A. *Dictionary of Symbols and Imagery*. Amsterdam, Holland: North-Holland Publishing Company, 1974.

Dickens, C. *Oliver Twist*. The Anniversary Edition of the Works of Charles Dickens, February 7, 1812. New York, NY: P F Collier & Son, 1911.

Douglas, C. (Ed.). *Visions: Notes of the Seminar Given in 1930-1934 by C.G. Jung*. Princeton, NJ: Princeton University Press, 1997.

Edinger, E.F. *The Bible and the Psyche: Individuation Symbolism in the Old Testament*. Toronto, Canada: Inner City Books, 1986.

───── *Ego and Archetype*. Boston, MA: Shambhala, 1992.

───── *The Aion Lectures: Exploring the Self in C.G. Jung's Aion*. Toronto, Canada: Inner City Books, 1996.

Emde, R.N. The Pre-Representational Self and Its Affective Core. *Psychoanalytic Study of the Child*, 1983; 38: 165-192.

───── Development Terminable and Interminable. I. Innate and Motivational Factors from Infancy. *International Journal of Psychoanalysis*, 1988; 69: 23-42.

Estes, C.P. *Women Who Run With the Wolves: Myths and Stories of the Wild Woman Archetype*. New York, NY: Ballantine Books, 1992.

Evans, R.I. *Conversations With Carl Jung and Reactions from Ernest Jones*. Princeton, NJ: D. Van Nostrand Company, Inc., 1964.

Evetts-Secker, J. *Orphanos Exoikos: The Precarious Possibility of Wholeness* (The Guild of Pastoral Psychology, Guild Lecture 272). Middlesex, England: Abacus Print, 2000.

Grynbaum, G.A. The Secrets of Harry Potter. *The San Francisco Jung Institute Library Journal*, 2001; 19 (4): pp. 17-48.

Hastings, J. (Ed.). *A Dictionary of the Bible (Vol. 3)*. New York, NY: Scribner's Sons, 1909.

Henderson, J.L. *Cultural Attitudes in Psychological Perspective*. Toronto, Canada: Inner City Books, 1984.

Hilditch, T. Chinese Cultural Studies: A Holocaust of Little Girls. *South China Morning Post* in World Press Review, 1995; September: p. 39.

Hill, J. *The Tristan Legend: A Confrontation Between Logos and Eros*. Unpublished thesis, C.G. Jung Institute, Zurich, Switzerland, 1972.

Holmes, J. *John Bowlby and Attachment Theory*. London, England: Routledge, 1993.

Hsu, J. There Are More Boys Than Girls in China and India: Preference for Sons Could Spell Trouble for China and India. *Scientific American*, 2008: August 4. http://www.scientificamerican.com/article. cfm?id=there-are-more-boys-than-girls

Jacobi, J. *Complex/Archetype/Symbol in the Psychology of C.G. Jung* (R. Manheim, Trans.). New York: Princeton University Press, 1959.

Jacoby, M. *Jungian Psychotherapy and Contemporary Modern Infant Research: Basic Patterns of Emotional Exchange* (R. Weathers, Trans.). London, England: Routledge, 1999.

Jaffe, A. (Ed.). *Word and Image*. Princeton, NJ: Princeton University Press, 1979.

Jobes, G. *Dictionary of Mythology Folklore and Symbols, Part 2*. New York, NY: The Scarecrow Press, 1962.

Jung, C.G. *The Collected Works, Second Edition*. (Bollingen Series XX; H. Read, M. Fordham, & G. Adler, Eds.; R. F. C. Hull, Trans.). Princeton, NJ: Princeton University Press, 1953-1979.

——— *Aion: Researches into the Phenomenology of the Self, The Collected Works Vol. 9ii, Second Edition*. (Bollingen Series XX). Princeton, NJ: Princeton University Press, 1969.

——— *Alchemical Studies, The Collected Works Vol. 13, Second Edition*. (Bollingen Series XX). Princeton, NJ: Princeton University Press, 1968.

——— *Children's Dreams: Notes from the Seminar Given in 1936-1940 by C.G. Jung*. Princeton, NJ: Princeton University Press, 2008.

——— *Memories, Dreams, Reflections* (A. Jaffe, Ed.; R. & C. Winston, Trans.). London, England: Collins & Routledge & Kegan Paul, 1963.

——— *Mysterium Coniunctionis, The Collected Works Vol. 14, Second Edition*. (Bollingen Series XX). Princeton, NJ: Princeton University Press, 1970.

——— *Psychological Types, The Collected Works Vol. 6, Second Edition*. (Bollingen Series XX). Princeton, NJ: Princeton University Press, 1971.

——— *Psychology and Alchemy, The Collected Works Vol. 12, Second Edition*. (Bollingen Series XX). Princeton, NJ: Princeton University Press, 1968.

———— *Psychology and Religion, The Collected Works Vol. 11, Second Edition.* (Bollingen Series XX). Princeton, NJ: Princeton University Press, 1970.

———— *Symbols of Transformation, The Collected Works Vol. 5, Second Edition.* (Bollingen Series XX). Princeton, NJ: Princeton University Press, 1967.

———— *Two Essays on Analytical Psychology, The Collected Works Vol. 7, Second Edition.* (Bollingen Series XX). Princeton, NJ: Princeton University Press, 1967.

———— *The Archetypes and the Collective Unconscious, The Collected Works Vol. 9i, Second Edition.* (Bollingen Series XX). Princeton, NJ: Princeton University Press, 1969.

———— *The Practice of Psychotherapy, The Collected Works Vol. 16, Second Edition.* (Bollingen Series XX). Princeton, NJ: Princeton University Press, 1966.

———— *The Red Book: Liber Novus.* (S. Shamdasani, Ed.; M. Kyburz, J. Peck, S. Shamdasani, Trans.). New York, NY: W.W. Norton & Company, 2009.

———— *The Structure and Dynamics of the Psyche, The Collected Works Vol. 8, Second Edition.* (Bollingen Series XX). Princeton, NJ: Princeton University Press, 1969.

Jung, C.G., von Franz, M-L., Henderson, J.L., Jacobi, J., & Jaffe, A. *Man and His Symbols.* Garden City, NY: Doubleday & Company, Inc, 1964.

Karen, R. *Becoming Attached: First Relationships and How They Shape Our Capacity to Love.* New York, NY: Oxford University Press, 1998.

Kerenyi, C. *The Gods of the Greeks.* London, England: Thames & Hudson, 1961.

———— The Primordial Child in Primordial Times. In C.G. Jung & C. Kerenyi, *Essays on a Science of Mythology: The Myth of the Divine Child and the Mysteries of Eleusis* (R.F.C. Hull, Trans.). Princeton, NJ: Princeton University Press, 1993.

Klaus, M.H., & Kennell, J.H. *Parent-Infant Bonding* (2nd ed.). St. Louis, MO: Mosby, 1982.

Klein, E. *A Comprehensive Etymological Dictionary of the English Language, Unabridged, One-Volume Edition.* Elsevier: Amsterdam, Netherlands, 1971.

Kohut, H. *The Analysis of the Self: A Systematic Approach to the Psychoanalytic Treatment of Narcissistic Personality Disorders.* New York, NY: International Universities Press, 1971.

Korczak, J. (n.d.). http://en.wikipedia.org/wiki/Janusz_Korczak/ Retrieved May 29, 2011.

Lacinius, J. *Pretiosa Margarita Novella de Thesauro ac Pretiosissimo Philosophorum Lapide.* Venedig: Aldus, 1546.

Lichtenberg, J.D. *Psychoanalysis and Motivation.* Hillsdale, NJ: The Analytic Press, 1989.

Magnuson, J., & Petrie, D.G. *Orphan Train.* New York, NY: The Dial Press, 1978.

Main, M., Kaplan, N. & Cassidy, I. Security, Infancy, Childhood and Adulthood: A Move to the Level of Representation. In J. Bretherton & E. Waters (Eds.). *Monographs of the Society for Research in Child Development,* 1985; 50, (1-2) Serial No. 209: pp. 64-104.

Matthews, Boris. (Trans.) *The Herder Dictionary of Symbols.* Wilmette, IL: Chiron, 1993.

Merton, T. *The Collected Poems of Thomas Merton.* New York, NY: New Directions Publishing Company, 1977.

Miller, B. (Trans.). *The Bhagavad-Gita.* New York, NY: Bantam Books, 1986.

Mitchell, R.R. & Friedman, H.S. *Sandplay: Past, Present and Future.* New York, NY: Routledge, 1994.

Muhammad: Legacy of a Prophet, 2002. http://www.pbs.org/muhammad/timeline_html.shtml Retrieved April 29, 2012.

Nelson, P. *There's a Hole in My Sidewalk: The Romance of Self-Discovery.* New York, NY: Atria Books, 2012.

Nouwen, H.J.M. *The Wounded Healer.* New York, NY: Image Books Doubleday, 1972.

Oakes, M. *The Stone Speaks: The Memoir of a Personal Transformation.* Wilmette, IL: Chiron, 1987.

Paredes, A. *Folktales of Mexico*. Chicago, IL: The University of Chicago Press, 1970.

Partridge, E. *Origins: A Short Etymological Dictionary of Modern Language* (3rd ed.). London, England: Routledge & Kegan Paul, 1961.

Pino-Saavedra, Y. (Ed.) *Folktales of Chile*. Chicago, IL: The University of Chicago Press, 1967.

Punnett, A.F. Symptom, Symbol and Sandplay: Manifestation of a Tic Disorder in a Child. *Journal of Sandplay Therapy*, 2009; 18, (1): 27-45.

Rank, O. The Myth of the Birth of the Hero. In R. A. Segal (Eds.), *In Quest of the Hero* (pp. 30-86). Princeton, NJ: Princeton University Press, 1990.

Rinchen, G.S. *The Thirty-Seven Practices of Bodhisattvas*. (R. Sonam, Ed. & Trans.). Ithaca, NY: Snow Lion Publications, 1997.

Ronnberg, A. & Martin, K. (Eds.). *The Book of Symbols*. Cologne, Germany: Taschen, 2010.

Rumi, J. (C. Barks, Trans.). *The Essential Rumi*. San Francisco, CA: HarperCollins, 1995.

Schore, A.N. *Affect Regulation and the Origin of the Self: The Neurobiology of Emotional Development*. Hillsdale, NJ: Erlbaum, 1994.

———— The Experience-Dependent Maturation of a Regulatory System in the Orbital Prefrontal Cortex and the Origin of Developmental Psychopathology. *Development and Psychopathology*, 1996; 8: 59-87.

———— A Century After Freud's Project: Is a Rapprochement Between Psychoanalysis and Neurobiology at Hand. *Journal of American Psychoanalytic Association*, 1997a; 45: 841-867.

———— Early Organization of the Nonlinear Right Brain and Development of a Predisposition to Psychiatric Disorders. *Development and Psychopathology*, 1997b; 9: 595-631.

———— *Affect Regulation and the Repair of the Self*. New York, NY: W.W. Norton & Company, 2003.

Schweizer, A. *The Sungod's Journey Through the Netherworld: Reading the Ancient Egyptian Amudat.* Ithaca, NY & London, England: Cornell University Press, 2010.

Sidoli, M & Davies, M. *Jungian Child Psychotherapy: Individuation in Childhood.* London, England: Karnac Books, 1988.

Simpson, D.P. *Cassell's Latin Dictionary.* London, England: Cassell, 1979.

Simpson, E. *Orphans: Real and Imaginary.* New York, NY: Weidenfeld & Nicolson, 1987.

Singer, T. & Kimbles, S.L. (Eds.) *The Cultural Complex: Contemporary Jungian Perspectives on Psyche and Society.* Hove, England & New York, NY: Brunner-Routledge, 2004.

Spiegelman, J.M. & Miyuki, M. *Buddhism and Jungian Psychology.* Tempe, AZ: New Falcon Publications, 1994.

Sroufe, L.A. Relationships, Self, and Individual Adaptation. In A.J. Sameroff & R.N. Emde (Eds.), *Relationship Disturbances in Early Childhood.* New York, NY: Basic Books, 1989.

Stern, D.N. *The Interpersonal World of the Infant.* New York, NY: Basic Books, 1985.

———— *The Motherhood Constellation.* New York, NY: Basic Books, 1995.

Suzuki, D.T. *Essays in Zen Buddhism.* New York, NY: Grove Press, 1949.

The Interpreter's Dictionary of the Bible (Vol. 2.). New York, NY: Abdington Press, 1962.

The New Encyclopedia Britannica. (Vol. 4, 15th ed.). Chicago, IL: Encyclopedia Britannica, 1985.

Thompson, S. *One Hundred Favorite Folktales.* Bloomington, IN: Indiana University Press, 1968.

———— *The Folktale.* New York, NY: AMS Press, 1979. (Original work 1946).

Thoreau, H.D. *Walden or Life in the Woods.* Boston, MA: Houghton Mifflin Company, 1910.

Thurston, A.F. In a Chinese Orphanage. *The Atlantic Monthly,* 1996; 277, 4: pp. 28-43.

Trevarthen, C. The Self Born in Intersubjectivity: The Psychology of an Infant Communicating. In U. Neisser (Ed.), *The Perceived Self: Ecological and Interpersonal Sources of Self-Knowledge*. New York, NY: Cambridge University Press, 1993.

von Franz, M-L. *Number and Time: Reflections Leading Toward Unification of Depth Psychology and Physics* (A. Dykes, Trans.). Evanston, IL: Northwestern University Press, 1974.

———— *Alchemy: An Introduction to the Symbolism and the Psychology*. Toronto, Canada: Inner City Books, 1980.

———— *The Feminine in Fairy Tales* (rev. ed.). Boston, MA: Shambhala, 1993.

———— *Interpretation of Fairy Tales* (rev. ed.). Boston, MA & London: Shambhala, 1996.

———— *Archetypal Dimensions of the Psyche*. Boston, MA: Shambhala, 1997.

———— *The Cat: A Tale of Feminine Redemption*. Toronto, Canada: Inner City Books, 1999.

Wada, S. (G.P. Sakamoto, Trans.). *The Oxherder: A Zen Parable Illustrated*. New York, NY: George Braziller, 2002.

Wilhelm, R. (Trans.) *I Ching*, Second Edition. Princeton, NJ: Princeton University Press, 1961.

Winnicott, D.W. *The Maturational Processes and the Facilitating Environment: Studies in the Theory of Emotional Development*. New York, NY: International Universities Press, 1965.

Wright, K. *Vision and Separation: Between Mother and Baby*. Northvale, NJ: Aronson, 1991.

Zeanah, C.H., Jr. & Boris, N.W. Disturbances and Disorders of Attachment in Early Childhood. In C.H. Zeanah, Jr. (Ed.), *Handbook of Infant Mental Health* (2nd ed., pp. 353-368). New York, NY: The Guilford Press, 2000.

| 附錄二 |

圖片資料

1. 覆上銅蓋的孤兒石，普內特拍攝。

2. 〈嬰兒摩西從水中被救起〉（Moses Rescued from the Water, c. 1655-57，油畫），喬凡尼・弗朗切斯科・羅馬內利（Giovanni Francesco Romanelli, 1610-1662, II Viterbese 繪，布里奇曼藝術圖書館。

3. 〈羅穆盧斯與雷姆斯雙生子〉（Romulus and Remus），查爾斯・德・拉福斯（Charles de Lafosse, 1636-1716）繪，布里奇曼藝術圖書館。

4. 卡比托林母狼（The Capitoline She-Wolf，伊特拉斯坎〔Etruscan〕銅雕）以及羅穆盧斯與雷姆斯雙生子（c. 1484-96，安東尼奧・波拉尤洛〔Antonio Pollaiuolo, 1433-98〕塑），布里奇曼藝術圖書館。

5. 佛羅倫斯孤兒院（Foundling Hospital of the Innocents）正面牆上的圓形浮雕（釉陶），安德烈亞・德拉・羅比亞（Andrea della Robbia, 1435-1525）作品，布里奇曼藝術圖

書館。

6. 〈將孩子託付給巴黎孤兒院的母親〉（Mother Depositing Her Child in the Foundling Hospital in Paris, c. 1855-60，木板油畫），亨利‧尼爾森‧歐尼爾（Henry Nelson O'Neil, 1817-1880），布里奇曼藝術圖書館。

7. 〈洗禮〉（The Christening, 1863，油畫），愛瑪‧布朗勞（Emma Brownlow, 1832-1905），布里奇曼藝術圖書館。

8. 電影《巴黎的孤兒》宣傳海報，法國畫派（二十世紀）繪，高蒙電影公司製作（套色石板印刷），布里奇曼藝術圖書館。

9. 《冰凍》（*Frozen Out*）童書封面，梅貝爾‧露西‧阿特維爾（Mabel Lucie Attwell, 1879-1964）繪製，二十世紀，（套色石板印刷），布里奇曼藝術圖書館與私人收藏，Mabel Lucie Attwell © Lucie Attwell Ltd.。

10. 孤兒收容所，美國保誠人壽公司（Prudential Insurance Company of America）廣告，1926，蓋提影像公司。

11. 以雌雄同體形式呈現的子嗣或國王，榮格，《煉金術研究》（*Alchemical Studies*），《榮格全集》（*The Collected Works of C. G. Jung*）第 13 冊，第 152 頁 B2。

12. 孤兒，一位坎伯藍地區的農夫用奶瓶餵食羔羊孤兒，1941，蓋提影像公司。

13. 士兵餵食幼貓，一名美軍陸戰隊士兵在韓戰期間一場於「碉堡山」（Bunker Hill）附近展開的猛烈砲火轟擊後，餵食一隻拾獲的小棄貓（c. 1953），美國海軍陸戰隊士官馬丁・萊爾（Martin Riley）拍攝，蓋提影像公司。

14. 〈幼兒撒母耳〉（The Infant Samuel, c. 1853，油畫），詹姆斯・桑特（James Sant, 1820-1916），布里奇曼藝術圖書館。

15. 「時代廣場」，普內特拍攝。

16. 「沙的聖誕節」，以及特寫鏡頭，普內特拍攝。

17. 〈孤兒〉，或名〈致命的霍亂〉（1832，油畫），皮耶・洛克・維諾讓（Pierre Roch Vigneron, 1789-1872），布里奇曼藝術圖書館。

18. 〈柏勒洛豐大戰蓋美拉〉（Bellerophon Fights the Chimaera, 1731，鑴版），伯納德・皮卡特（Bernard Picart, 1673-1733），布里奇曼藝術圖書館。

19. 〈波洛寧的孤兒〉（Orphan in Poronin, 1906），瓦迪司雷・斯來溫斯基（Wladislaw Slewinski, 1854-1918）繪，維基百科。

20. 〈路邊小憩〉（A Rest by the Way，十九世紀，油畫），湯瑪斯・費德（Thomas Faed, 1826-1900）繪，布里奇曼藝術圖書館。

21. 〈神殿的孤兒〉（The Orphan of the Temple，十九世紀，油畫），艾德華・馬修・沃德（Edward Matthew Ward, 1816-1879），布里奇曼藝術圖書館。

中英譯名對照表

一至三劃

一張白紙 *tabula rasa*

《十牛圖》（禪宗頌文）*Oxherder,* (The Zen parable)

二度養育 re-parenting

乞討的缽 beggar's bowl

大母神 Great Mother

女性原則／陰性原則 feminie principle

女性意識 feminie consciousness

《小孤女》*The Little Orphan* Girl (Fairy Tale)

小孤兒 La Guacha (Little Orphan)

山脈 mountains

工業革命 Industrial Revolution

四劃

中國 China

丹尼爾‧史登 Stern, Daniel

午夜 midnight

天真 naiveté

天真孩童 innocent child

太陽神 sungod

巴斯特 Bastet

巴黎孤兒院 Foundling Hospital in Paris

父母情結 parental complex

父親情結（正向）father complex (positive)

父權文化 patriarchal culture

王后 Queen

五劃

以色列人 Israelites

《古蘭經》Qur'an

卡薩諾瓦 Casanova

史匹格曼 Spiegelman, Marvin

布巴斯蒂夫人（巴斯特）Lady of Bubastis (Bastet)

母性的滋養（足夠）mothering (adequate)

母性的滋養 mothering

攻擊 aggression

攻擊的衝動 aggressive impulses

沙漠／荒漠 desert

沙盤 sandtray

狄茂斯 deMause, Lloyd

邪惡的 demonic

八劃

《易經》 I Ching

佩格索斯 Pegasus

佩涂斯・波諾斯 Bonus, Petrus

　《寶貴的新明珠》 Pretiosa
　　Margarita Novella

兒童援助協會 Children's Aid Society

和解 reconciliation

奇蹟式的誕生 miraculous birth

孤兒火車運送的孩子 orphan-train
　children

孤兒列車／孤兒火車 Orphan Trains

孤兒刻文 orphan carving

孤兒的 orphaned

孤兒原型 orphan archetype

孤兒院 orphanage(s)

孤兒情結 orphan complex

孤單 aloneness

孤單 loneliness

孤獨 solitude

宗教改革 Reformation

宙斯 Zeus

帕拉德斯 Paredes, A.

　《墨西哥民間故事》 Folktales of
　　Mexico

帕修斯 Perseus

幸福的孤單感 beata solitudo

波林根 Bollingen

波蒂亞・尼爾森 Nelson, Portia

　《我的人行道上有一個坑》 There's
　　a Hole in My Sidewalk

社會化 Socialization

社會秩序 scioal order

芙烈達・卡蘿 Kahlo, Frida

芮欽 Rinchen, G. S.

　《佛子行三十七頌》 Thirty-Seven
　　Practices of Bodhisattvas

阿尼姆斯 animus

阿尼瑪 anima

阿尼瑪／阿尼姆斯 anima/ animus

阿布拉姆 Abram, J.

　《溫尼考特的詞彙》 The Language
　　of Winnicott

阿奈爾 Aarne, A

　《童話類型》 The Types of Folktale

阿佛列德・利比 Ribi, Alfred

阿周那 Arjuna

《人和他的象徵》 Man and His Symbols

《榮格自傳：回憶‧夢‧省思》 Memories, Dreams, Reflections

《神祕合體》 Mysterium Coniunctionis

《心理類型》 Psychological Types

《心理學與煉金術》（Psychology and Alchemy）

《心理學與宗教》 Psychology and Religion

《轉化的象徵》 Symbols of Transformation

〈共時性：一種非關因果的聯繫法則〉（Synchronicity: An Acausal Connecting Principle）

《心理治療實務》 The Practice of Psychotherapy

《紅書》 The Red Book

《心靈的結構與動力》 The Structure and Dynamics of the Psyche

《論分析心理學》 Two Essays on Analytical Psycholgy

榮格取向心理學 Jungian psychology

漫遊 wandering

瑪德‧奧克斯 Oakes, Maude

《石言錄》 The Stone Speaks

精神上的戀人 spiritual lover

蓋伊‧蒙彼利埃 de Montpellier, Guy

蓋美拉 Chimaera

蜘蛛人 Spiderman

雌雄同體 Hermaphrodite

鳳凰 phoenix

鳳凰尾 phoenix tail

十五劃

〈窮人救濟法案〉 Poor Relief Act

廟妓 sacred prostitute

德‧佛萊斯 De Vries, Ad

憂鬱 depression

摩西 Moses

蝙蝠俠 Batman

魯米 Rumi

《在春天走進果園》 The Essential Rumi

十六劃

獨自在世上 alone in the world

盧雲 Nouwen, Henri

穆罕默德 Mohanmed

親密 intimacy

諾斯底 Gnostic

諾斯底教神話中的索菲亞 Gnostic

myth of Sophia

貓女神 cat goddess

遺棄／中途放棄 abandonment

鴨子 ducks

龍 dragon

十七劃

聯合國 United Nations

　　《薄伽梵歌》*Bhagavad-Gita*

濟貧院 almshouses

十八劃

藍袍學校 Blue Coat School

雙胞胎／雙生子 twins

十九劃

羅穆盧斯 Romulus

羅穆盧斯與雷姆斯 Romulus and

Remus

藥 medicine

鏡像模仿 mirroring

鏡像模仿（足夠的）mirroring
　　(adequate)

難以忍受的孤獨 unendurable
　　loneliness

二十一劃

蘭克 Rank, Otto

　　《英雄的探求》*In Quest of the Hero*

二十三劃

戀愛 falling in love

二十四劃

靈魂世界 anima mundi

延伸閱讀

- 《日本人的傳說與心靈【典藏版】》（2019），河合隼雄，心靈工坊。
- 《活在故事裡：現在即過去，過去即現在》（2019），河合隼雄，心靈工坊。
- 《創傷的內在世界：生命中難以承受的重，心靈如何回應》（2018），唐納‧卡爾謝（Donald Kalsched），心靈工坊。
- 《民間故事啟示錄：解讀現代人的心理課題》（2018），河合隼雄，心靈工坊。
- 《神話心理學：來自眾神的處方箋》（2018），河合隼雄，心靈工坊。
- 《源氏物語與日本人：女性覺醒的故事》（2018），河合隼雄，心靈工坊。
- 《公主變成貓：從榮格觀點探索童話世界》（2018）瑪麗-路薏絲‧馮‧法蘭茲（Marie-Louise von Franz），心靈工坊。

- 《童話中的女性：從榮格觀點探索童話世界》（2018），瑪麗-路薏絲・馮・法蘭茲（Marie-Louise von Franz），心靈工坊。

- 《童話中的陰影與邪惡：從榮格觀點探索童話世界》（2018），瑪麗-路薏絲・馮・法蘭茲（Marie-Louise von Franz），心靈工坊。

- 《公主走進黑森林：榮格取向的童話分析》（2017），呂旭亞，心靈工坊。

- 《閱讀奇幻文學：喚醒內心的奇想世界》（2017），河合隼雄，心靈工坊。

- 《故事裡的不可思議：體驗兒童文學的神奇魔力》（2016），河合隼雄，心靈工坊。

- 《解讀童話：從榮格觀點探索童話世界》（2016），瑪麗-路薏絲・馮・法蘭茲（Marie-Louise von Franz），心靈工坊。

- 《紅書：讀者版》（2016），卡爾・榮格（C. G. Jung），心靈工坊。

- 《這不是你的錯：對自己慈悲，撫慰受傷的童年》（2016），貝芙莉・英格爾（Beverly Engel, LMFT），心靈工坊。

- 《當村上春樹遇見榮格：從《1Q84》的夢物語談起》

（2014），河合隼雄，心靈工坊。

- 《高山寺的夢僧：明惠法師的夢境探索之旅》（2013），河合隼雄，心靈工坊。
- 《轉化之旅：自性的追尋》（2012），莫瑞・史丹（Murray Stein），心靈工坊。
- 《英雄之旅：個體化原則概論》（2012），莫瑞・史丹（Murray Stein），心靈工坊。
- 《榮格人格類型》（2012），達瑞爾・夏普（Daryl Sharp），心靈工坊。
- 《榮格解夢書：夢的理論與解析》（2006），詹姆斯・霍爾博士（James A. Hall, M.D.），心靈工坊。

PA023

孤兒：從榮格觀點探討孤獨與完整
The Orphan: A Journey to Wholeness

作者—奧德麗‧普內特（Audrey Punnett）
審閱—朱惠英
譯者—朱惠英、陳俊元、利美萱

出版者—心靈工坊文化事業股份有限公司
發行人—王浩威　總編輯—徐嘉俊
特約編輯—鄭秀娟　責任編輯—饒美君
封面設計—兒日　內頁排版—龍虎電腦排版公司
通訊地址—10684台北市大安區信義路四段53巷8號2樓
郵政劃撥—19546215　戶名—心靈工坊文化事業股份有限公司
電話—02）2702-9186　傳真—02）2702-9286
Email—service@psygarden.com.tw　網址—www.psygarden.com.tw

製版‧印刷—中茂分色製版印刷股份有限公司
總經銷—大和書報圖書股份有限公司
電話—02）8990-2588　傳真—02）2290-1658
通訊地址—248新北市新莊區五工五路二號
初版一刷—2020年3月　初版三刷—2022年2月
ISBN—978-986-357-171-1　定價—520元

國家圖書館出版品預行編目(CIP)資料

孤兒：從榮格觀點探討孤獨與完整 / 奧德麗‧普內特著；朱惠英、陳俊元、利美萱譯.
-- 初版. -- 臺北市：心靈工坊文化, 2020.03
　面；　公分
譯自：The Orphan : A Journey to Wholeness
ISBN 978-986-357-171-1(平裝)

1.孤兒　2.孤獨感　3.心理學

544.61　　　　　　　　　　　　　　　　　　　　　　　　　108021341